툭툭 내뱉는 252 상황 영어

talk talk

톡톡 내뱉는 252 상황영어

초판 1쇄 인쇄 2018년 10월 17일
초판 1쇄 발행 2018년 10월 27일

지은이	남궁의용
발행인	임충배
편집	양경자,조은영
홍보/마케팅	김정실
디자인	여수빈
펴낸곳	도서출판 삼육오 (PUB.365)
제작	(주)피앤엠123

출판신고 2014년 4월 3일
등록번호 제406-2014-000035호

경기도 파주시 산남로 183-25
TEL 031-946-3196 / FAX 031-946-3171
홈페이지 www.pub365.co.kr

ISBN 979-11-89387-29-7 13740

이 도서의 국립중앙도서관 출판예정도서목록(CIP)은 서지정보유통지원시스템 홈페이지(http://seoji.nl.go.kr)와 국가자료공동목록시스템(http://www.nl.go.kr/kolisnet)에서 이용하실 수 있습니다. (CIP제어번호: CIP2018029810)

저자 소개

저자 **남궁의용**

■ 약력

삼정 CPI 편집 이사
강남어학원 영어팀장
(주)넥서스 영어연구소 이사
홍익미디어 플러스 편집장

■ 저서

5개년 EBS 수능 영단어 RESCUE외
다수의 중고 영어교재 집필

강사 소개

강사 **조정현**

■ 학력

한국외국어대학교 일반대학원 영어학과 박사 수료
한국외국어대학교 일반대학원 영어학 음운론 석사
한국외국어대학교 영어학 학사

■ 약력

現) 한국외대 실용외국어 교양영어 강의
現) 한국외대 TOEIC LC/RC 강의
現) 한국외대 OPIc 강의
2014 한국외대 우수 교원상 수상 (HUFS 강의상)
前) 인천광역시 인터넷교육방송(잎새방송) 영어문법/내신영어강의
前) MBC 뽀뽀뽀 아이조아 Magic 7 English 영어동화, 영어동요 한영 번역 및 녹음

■ 저서

TOEIC 천일문 600 Finish(CEDU)
기적의 초등 영문법 1,2,3 저자(길벗스쿨)
팝스 잉글리시 1,2 저자(길벗스쿨)

톡톡 내뱉는 252 상황 영어

talk talk

PREFACE

툭툭 내뱉는 252 상황영어는 일상생활영어에서 우리가 간단하게 사용할 수 있는 표현들을 실었습니다.

간단하지만 대화의 상대방이 정확하게 이해 할 수 있는 표현들로 알아두면 유용하게 사용 하실 수 있습니다.

짧게 말해야 될 때 짧게 말하면 여러분의 삶이 더욱 더 편안해 집니다.

저는 개인적으로 말 많은 사람을 싫어합니다.

이 한권의 책이 여러분의 삶에 조금이나마 도움이 되었으면 좋겠습니다.

감사합니다.

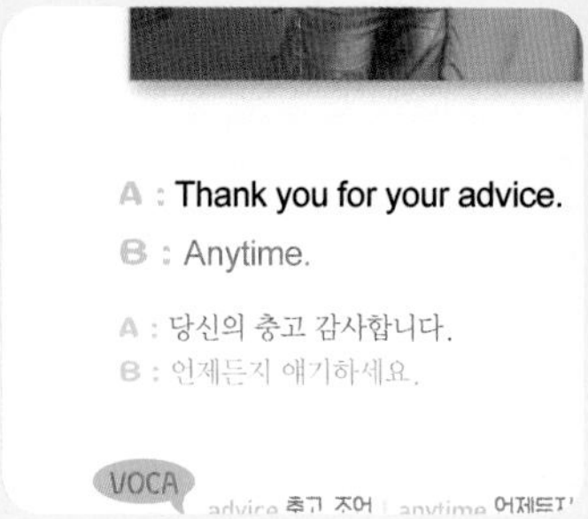
A : Thank you for your advice.
B : Anytime.
A : 당신의 충고 감사합니다.
B : 언제든지 얘기하세요.
VOCA

252 상황영어

상황별 표현을 적절하게 사용할 수 있도록 본문을 대화문 형식으로 구성하였습니다.
Chapter를 따라 단어의 개수를 늘려가며 순차적으로 252개 상황별 표현들을 자연스럽게 학습할 수 있습니다.

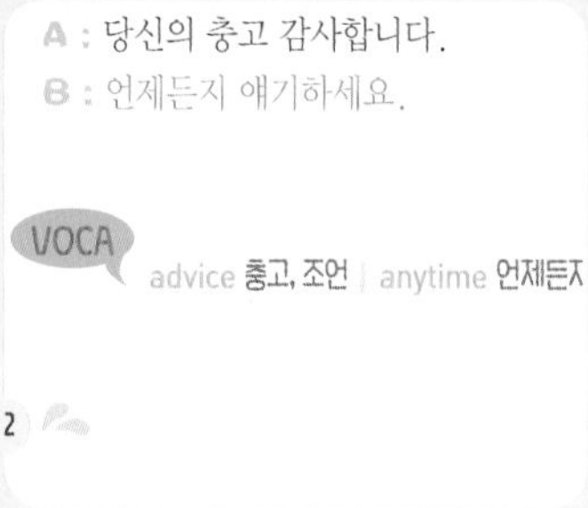
A : 당신의 충고 감사합니다.
B : 언제든지 얘기하세요.
VOCA advice 충고, 조언 | anytime 언제든지
2

Voca

상황별 표현을 학습하면서 놓치지 말아야 할 주요 단어들을 함께 학습할 수 있습니다. 짧고 정확하게 말하기 위해 단어 학습은 매우 중요합니다.

TIP
"Anytime."은 '언제든지 좋아요', '천만에요(=You're welcome.)', '괜찮아요' 등의 의미로 도움이 필요하면 언제든지 요청하라는 의미를 담고있다.

Tips

각 표현마다 알기 쉽게 보충 설명하여 252개의 표현들을 더욱 효과적으로 이해하고 학습할 수 있습니다.

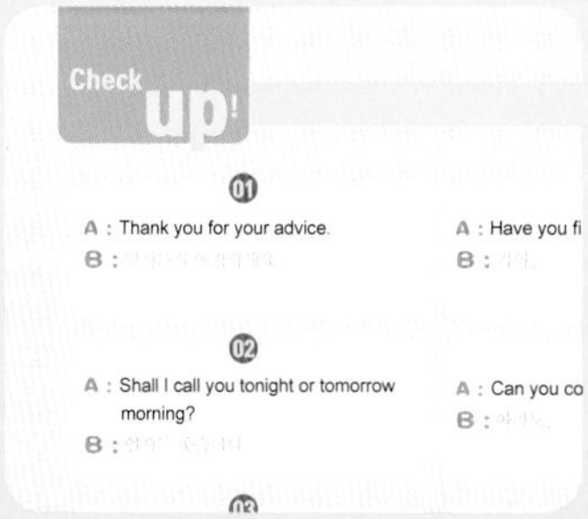
Check up!
01
A : Thank you for your advice.
A : Have you fi
02
A : Shall I call you tonight or tomorrow morning?
A : Can you co

Check up

앞에서 배운 252개 상황별 표현들은 check up에서 복습할 수 있습니다. 소리 내어 읽으면 학습효과는 두 배가 됩니다.

CONTENTS

Chapter 01
한 단어 영어로 1초 만에 말해봐!

Chapter 02
두 단어 영어로 쉽게 말해봐!

CONTENTS

CONTENTS

Chapter 03
세 단어 영어로 풍부하게 말해봐!

CONTENTS

Chapter 04
네 단어 이상 영어로 원어민처럼 말해봐!

Chapter 01

한 단어 영어로 1초 만에 말해봐!

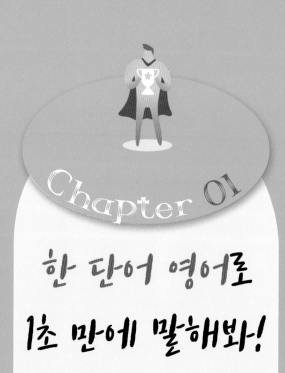

'말도 안 되는 소리 하지마!' 는 영어로 어떻게
말할까요?

많은 단어가 필요 할 것 같지만,

'Nonsence!'

한 단어만으로도 충분히 상황을 말할 수 있습니다!

chapter 01에서는 일상대화에서 한 단어로 상황
을 말할 수 있는 표현들을 소개합니다.

01 > 언제든지 애기하세요

ANYTIME.

ENG_01.mp3

상황 01

A : Thank you for your advice.

B : Anytime.

A : 당신의 충고 감사합니다.

B : 언제든지 애기하세요.

TIP

"Anytime."은 '언제든지 좋아요', '천만에요(=You're welcome.)', '괜찮아요' 등의 의미로 도움이 필요하면 언제든지 요청하라는 의미를 담고 있다.

VOCA

advice 충고, 조언 | anytime 언제든지

톡톡

영어 한 단어면 충분합니다.
한 단어 영어로 1초 만에 말해보세요.

상황 02

A : Shall I call you tonight or tomorrow morning?

B : Whenever.

TIP
"Whenever."는 '언제든지 좋다'라는 의미로 "Whenever you want."의 줄임말이다. "Doesn't matter."라고 표현해도 된다.

A : 오늘 밤에 전화할까요, 내일 아침에 전화할까요?

B : 언제든 좋습니다.

VOCA
whenever ~할 때는 언제든지

상황 03

A : Would you mind closing the window?

B : Sure.

TIP
"Would you mind~?"를 직역하면 "~하는 것을 꺼리나요?"라는 뜻이므로, 승낙을 표현할 때는 꺼리지 않는다는 뜻으로 "No, not at all.", "Certainly not.", "Of course not." 등 부정어가 들어간다. 그러나 "Sure."는 부정어 없이 사용한다.

A : 창문을 닫아도 되겠습니까?

B : 물론입니다.

VOCA
mind 꺼리다

02 > 믿을 수가 없네.
UNBELIEVABLE.

ENG_02.mp3

상황 04

A : Samuel failed to get a promotion.

B : Unbelievable.

A : Samuel은 승진하지 못했어.

B : 믿을 수가 없네.

TIP

"Unbelievable."은 "It's unbelievable."을 줄여서 표현한 것으로 어떤 사실을 믿을 수가 없거나, 믿기 힘들 때 사용한다.

VOCA

promotion 승진 | unbelievable 믿을 수 없는

영어 한 단어면 충분합니다.
한 단어 영어로 1초 만에 말해보세요.

상황 05

A : How are you today?
B : Fine.

A : 오늘 기분이 어떠니?
B : 좋아.

> **TIP**
> "Fine."은 "I'm fine."을 줄여서 표현한 것으로 fine은 '원기 왕성한', '건강한', '기분이 좋은' 등의 의미가 있다. 기분에 따라 Great(아주 좋아), Good(좋아), Fantastic(아주 좋아), So-so(그저 그래), Not too bad(나쁘지 않아), About the same(늘 마찬가지야), Terrible(정말 안 좋아) 등으로 대답 할 수 있다.

상황 06

A : Are you sure she is our new boss?
B : Positive.

A : 그녀가 우리의 새로운 상사인 게 확실하니?
B : 확실해.

> **TIP**
> "Positive."는 무엇이 옳거나 사실임을 전적으로 확신할 때 사용한다. "Positive."는 "I'm positive that she is our new boss."를 줄여서 표현한 것이며, "I'm not positive."는 "확실하지 않아."라는 의미이다. "(I'm) One hundred percent sure." "100% 확신한다."라는 표현을 사용해도 된다.

VOCA positive 긍정적인

03 > 거의 ALMOST

ENG_03.mp3

상황 07

A : Have you finished your assignment?

B : Almost.

A : 업무 다 마쳤니?

B : 거의.

TIP

"Almost."는 "I have almost inished my assignment."를 줄여서 쓴 표현이며, almost는 부사로 '거의', '대부분'이라는 뜻으로 업무를 거의 마쳤다는 뜻이다. "Almost." 대신에 "Most of it."이라는 표현을 사용해도 된다.

VOCA

assignment 임무, 할당 | almost 거의

툭툭

영어 한 단어면 충분합니다.
한 단어 영어로 1초 만에 말해보세요.

상황 08

A : Can you come to the party tomorrow?

B : Probably.

A : 내일 파티에 올 수 있니?

B : 아마도.

TIP

"Probably."는 '아마', '십중팔구는', '필시' 등의 뜻이며, maybe, perhaps 보다 가능성이 높을 때 사용한다.

VOCA

probably 아마도

상황 09

A : Do you think you will pass the exam?

B : Absolutely!

A : 시험에 합격하리라고 생각되니?

B : 물론이지!

TIP

"Absolutely!"는 완전한 동의·찬성의 의미로 '전적으로 그렇다', '물론' 등의 의미를 가진다.

VOCA

absolutely 절대적으로

04 상황에 따라 달라요.
DEPENDS.

ENG_04.mp3

상황 10

A : How much time do you need to fix the computer?

B : Depends.

A : 컴퓨터 수리하는데 시간이 얼마나 걸릴까요?

B : 상황에 따라 달라요.

TIP

"Depends."는 '~ 나름이다', '~에 달려 있다', '~에 좌우되다'의 의미로, 대화의 내용상 '컴퓨터의 상황에 따라 수리하는 시간이 다르다'는 뜻이다. (Depends. = It depends on the computer.)

VOCA depend 의존하다

툭툭

영어 한 단어면 충분합니다.
한 단어 영어로 1초 만에 말해보세요.

상황 11

A : Our team finally got into the finals.

B : Excellent!

A : 우리 팀이 드디어 결승전에 올랐다.
B : 훌륭하다!

TIP
"Excellent!"는 '기쁨·동의'를 나타내는 대답으로 '(매우) 좋아', '잘했어' 등의 의미를 가지고 있다. "Good job!", "Well done!" 등으로 바꿔 사용해도 된다.

VOCA
final 결승전

상황 12

A : I'm going to quit my job.

B : Seriously?

A : 나는 회사를 그만 둘 거예요.
B : 진심이에요?

TIP
"Seriously?"는 놀랄만한 말을 들었을 때 사용하는 표현으로 상황에 따라 "Really?"로 바꿔 사용할 수 있다.

VOCA
quit 그만두다 | serious 심각한, 진지한

ENG_05.mp3

상황 13

A : **The prices have risen too much these days.**

B : True.

A : 요즘 물가가 너무 많이 올랐어.
B : 맞아.

TIP
"True."는 "That's true."를 줄인 표현으로, '너의 말이 맞아'라는 의미이며 상대방의 의견에 동의할 때 사용한다. 이외에 동의하는 표현으로 "I agree.", "You can say that again.", "You're right.", "You said it." 등이 있다.

VOCA
these days 요즘 | rise 상승하다

툭툭

영어 한 단어면 충분합니다.
한 단어 영어로 1초 만에 말해보세요.

상황 14

A : **I bought a sports car.**

B : Awesome!

A : 나 스포츠카 샀어.

B : 굉장하군!

TIP

Awesome!"은 "It is awesome."을 줄인 표현이며, awesome은 형용사로 '훌륭한', '최고의'라는 의미이다. 좋은 소식을 듣거나, 좋은 일이 생겼을 때 감탄하는 표현으로 "Fantastic!", "Fabulous!", "Terrific!" 등이 있다.

상황 15

A : **Can you show me the way to the city hall?**

B : Pardon?

A : 시청 가는 길을 알려 주시겠습니까?

B : 다시 한 번 말해주시겠어요?

TIP

"Pardon?"은 "I beg your pardon?"을 줄인 표현이며, "뭐라고요?"의 의미로 상대방의 말을 알아듣지 못했을 때 사용하는 표현이다. "Pardon me?", "Excuse me?", "Come again?", "Could you say that again?" 등으로 바꿔 표현할 수 있다.

06 젠장! SHOOT!

ENG_06.mp3

상황 16

A : Your proposal was not chosen.

B : Shoot!

A : 당신의 제안은 채택되지 않았습니다.

B : 젠장!

TIP

"Shoot!"는 '쳇', '제기랄'이라는 의미로 비속어 shit의 완곡한 표현이다. 불쾌감, 낙담, 실망을 나타낼 때 사용하며, 다른 비속어 표현으로는 damn과 damn을 완곡하게 표현한 darn이 있다.

VOCA

proposal 제안, 제의

툭툭

영어 한 단어면 충분합니다.
한 단어 영어로 1초 만에 말해보세요.

상황 17

A : Can I ask you a favor?

B : Anything!

A : 부탁 좀 들어 줄래?

B : 뭐든지 말만 해.

TIP
Anything"은 '무엇이든', '뭐든지', '어느[어떤] 것이든' 이라는 의미이며, "Anything you want."를 줄인 표현이다.

VOCA ask a favor of ~ ~에게 부탁하다

상황 18

A : Would you try that seafood again?

B : Never.

A : 그 해물 요리 다시 먹을 거니?

B : 절대 먹지 않을 거야.

TIP
"Never"는 부정문에서 not 대신 쓰여 부정 의미를 강조하며, 절대로 어떤 일을 하지 않겠다는 의미를 나타낸다.
위의 대화에서는 "I will never try that seafood again."을 줄인 표현이다.

VOCA try 시도하다 | seafood 해산물

07 물론이죠 DEFINITELY

ENG_07.mp3

상황 19

A : Come and visit us again, please.

B : Definitely.

A : 또 방문해 주세요.

B : 물론이죠.

TIP

"Definitely."는 질문에 대하여 강한 긍정을 나타낼 때 사용하며, 부정을 할 때는 "Definitely not."이라고 한다.
위의 대화에서 "Definitely."는 "I will come and visit again."을 의미한다.

VOCA visit 방문하다 | definitely 반드시, 확실히

툭툭

영어 한 단어면 충분합니다.
한 단어 영어로 1초 만에 말해보세요.

상황 20

A : How was the movie?

B : Hilarious.

A : 영화 어땠어?

B : 매우 재미있었어.

TIP
"Hilarious."는 "It was hilarious."를 줄인 표현이며, hilarious는 형용사로 '아주 재미있는'의 의미로 very funny와 의미가 같다.

VOCA hilarious 아주 재미있는

상황 21

A : My wife gave birth to a healthy boy yesterday.

B : Congratulations.

A : 아내가 어제 건강한 사내아이를 출산했어.

B : 축하해.

TIP
"Congratulations."는 "Congratulations on the birth of your son."의 줄임말이며, 축하할 때 사용하는 표현으로 뒤에 항상 s를 붙여야 한다.

VOCA give a birth (to) 출산하다 | healthy 건강한

08 > 그렇습니다! EXACTLY!

ENG_08.mp3

상황 22

A : You mean I can get a 10% discount?

B : Exactly!

A : 10%를 할인 받을 수 있다는 의미입니까?

B : 그렇습니다!

TIP

"Exactly!"는 상대방의 말에 맞장구 칠 때 사용하는 표현으로 '그렇다', '바로 말씀하신 대로이다' 라는 의미이다.

VOCA

discount 할인

톡톡

영어 한 단어면 충분합니다.
한 단어 영어로 1초 만에 말해보세요.

상황 23

A : Look at these flowers.

B : Lovely.

A : 저 꽃들을 봐라.

B : 예쁘다.

TIP

"Lovely."는 '사랑스러운', '아름다운', '어여쁜', '매력적인'이라는 의미의 형용사로 사람, 사물의 외모나 겉모습을 표현할 때 사용한다. 위의 "Lovely."는 "They are lovely."의 줄임말이다.

VOCA lovely 사랑스러운

상황 24

A : We're getting a divorce.

B : Nonsense!

A : 우리 이혼할 거야.

B : 말도 안 되는 소리 하지 마!

TIP

"Nonsense!"는 '말도 안 돼[무슨 소리]!'라는 의미로 "You're talking nonsense!"의 줄임말이다. sense는 '의미'라는 뜻으로 "It makes sense." (말 된다), "It doesn't make any sense."(말도 안 돼)라는 표현을 자주 사용한다.

VOCA divorce 이혼 | nonsense 터무니없는

전데요

SPEAKING

ENG_09.mp3

상황 25

A : **Can I speak to Jack?**

B : Speaking.

A : Jack 하고 통화할 수 있나요?

B : 전데요.

TIP

"Speaking."은 "This is Jack Speaking."의 줄임말로 '나야', '전데요' 등의 의미이다. 전화한 상대방이 누구인지 묻는 표현은 "Who's calling?" '누구세요?'이다.

VOCA

Speaking 전데요

툭툭

영어 한 단어면 충분합니다.
한 단어 영어로 1초 만에 말해보세요.

상황 26

A : Here is the deal. If you clean the table, I will do the dishes.

B : Deal.

TIP
"Deal!"은 '거래', '합의'라는 의미이며, 대화에서 "Deal."은 "It's a deal."을 줄인 표현으로 제안을 받아들일 때 사용한다.

A : 이렇게 하자. 네가 식탁을 치우면, 내가 설거지할 게.
B : 좋아.

VOCA
deal 거래, 합의 | do the dishes 설거지하다

상황 27

A : Hurry up! We are gonna be late for the movie.

B : Relax. **We've got plenty of time.**

TIP
"Relax."는 '진정해'라는 의미로 "Calm down.", "Take it easy." 등으로 바꿔 쓸 수 있다.

A : 서둘러! 영화에 늦겠어.
B : 진정해. 우리 시간 많아.

VOCA
plenty of 많은

10 아무것도 아니야
NOTHING

ENG_10.mp3

상황 28

A : Are you crying? What's wrong with you?

B : Nothing.

A : 너 울고 있니? 무슨 일 있니?
B : 아무것도 아니야.

TIP
"Nothing."은 "It's nothing."을 줄인 표현으로 '별거 아니야', '아무것도 아니야'라는 의미이다.

영어 한 단어면 충분합니다.
한 단어 영어로 1초 만에 말해보세요.

상황 29

A : Oops! I made a mistake again.

B : There you go again. You're always making mistakes.

A : 아이쿠! 나 또 실수를 했어.

B : 또 그러는군. 넌 항상 실수를 하는구나.

> **TIP**
> "Oops!"는 감탄사로 실수를 했거나, 실수로 물건을 떨어뜨렸을 때 놀라서 지르는 소리로, 비슷한 감탄사로 "Whoops!"가 있다.

VOCA mistake 실수

상황 30

A : Jesus! You scared me to death.

B : Sorry, I didn't mean it.

A : 맙소사! 깜짝 놀랐잖아.

B : 미안, 고의는 아니었어.

> **TIP**
> "Jesus!"는 "Jesus Christ!"로 사용하기도 하며, '당황', '놀람', '화'를 나타내는 감탄사이다. 'scare somebody to death'는 '~이 겁나서 죽을 지경이 되게 만들다'라는 의미이다.

VOCA scare 겁주다

11 > 넌 어떠니? YOURSELF?

ENG_11.mp3

상황 31

A : Hello, Brain. How have you been these days?

B : Pretty good. Yourself?

A : 안녕, Brian. 요즘 어떻게 지내니?

B : 잘 지내. 넌 어떠니?

TIP

"Yourself?"는 앞서 상대방이 했던 질문을 되물을 때 사용하는 표현으로 "And you?"로 바꿔 쓸 수있다.

툭 툭

영어 한 단어면 충분합니다.
한 단어 영어로 1초 만에 말해보세요.

상황 32

A : **This is not what I wanted.**

B : Whatever!

A : 이건 내가 원했던 게 아니야.

B : 뭐 어쩌라고!

> **TIP**
> "Whatever!"는 감탄사로 '그러든가 말든가', '알게 뭐야'라는 의미로 상대의 말이 자신과는 상관없고, 관심이 없음을 나타낸다.

VOCA
whatever 어떤 ~일지라도; 그게 뭐든

상황 33

A : **I want you to work with James to organize the project.**

B : Please. **I can't work with him.**

A : James와 함께 프로젝트를 준비하세요.

B : 제발요. 전 그와 일 못 해요.

> **TIP**
> "Please."는 '제발'이라는 의미의 감탄사로, 어떤 것을 간곡히 부탁할 때 사용한다.

VOCA
organize 준비하다, 조직하다

12 > 그저 그래. So-So.

ENG_12.mp3

상황 34

A : **Hi, Greg! How's everything with you?**

B : So-so.

A : 안녕, Greg! 어떻게 지내니?

B : 그저 그래.

TIP

"So-so."는 "Not so good.", "Not so bad."를 줄인 표현으로, 무언가가 좋지도 나쁘지도 않을 때 사용한다. 위의 대화에서는 "Nothing much."로 바꿔 쓸 수 있다.

툭툭

영어 한 단어면 충분합니다.
한 단어 영어로 1초 만에 말해보세요.

상황 35

A : Look at the dress over there. Isn't it pretty?

B : Gorgeous! **Let's go and have a look.**

A : 저기 드레스 좀 봐. 예쁘지 않니?

B : 아름다워! 가서 한번 보자.

> **TIP**
> "Gorgeous!"는 형용사로 '아주 아름다운 [멋진, 좋은]'의 의미로, 날씨, 외모, 풍경 등을 약간은 과장해서 쓰는 표현이다. 비슷한 표현으로 "Fantastic!", "Amazing!", "Awesome!", "Beautiful!", "Fabulous!" 등이 있다.

VOCA

gorgeous 아주 멋진, 아주 아름다운

상황 36

A : Mom, let me sleep over at Susan's house, please.

B : Why do you keep on insisting? My answer is no. Period!

A : 엄마, 저 Susan 집에서 자고 오게 해주세요.

B : 왜 계속 고집을 부리니? 내 대답은 안 된다야. 그만해!

> **TIP**
> "Period!"는 한 문장을 끝내고 찍는 마침표로 대화에서 단독으로 쓰이면 상황 종료의 의미를 갖는다. 더 이상 질문을 받고 싶지 않거나, 할 말 다했다고 생각이 될 때 사용한다.

VOCA

sleep over at 자고 오다[가다] | keep on 계속 ~하다 | insist 고집하다, 주장하다

period 기간; 마침표

Chapter 02

두 단어 영어로 쉽게 말해봐!

단어 두 개만으로도 충~분히 상황을 표현할 수 있습니다.

'돈이면 다 돼.' 라는 표현을 두 단어로 표현한다면?

1 2

'Money talks.'

매우 간단하죠?

chapter 02에서는 우리가 이미 알고 있는 단어 두 개로 말할 수 있는 표현들을 소개합니다.

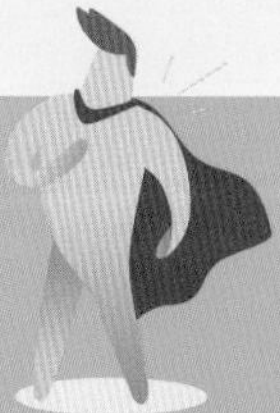

13 먼저 쓰세요.
AFTER YOU.

ENG_13.mp3

상황 37

A : Do you need the copy machine?

B : After you.

A : 복사기 쓰실래요?

B : 먼저 쓰세요.

TIP

"After you."는 뭔가를 상대방에게 양보하거나 먼저 하게 할 때 사용하는 표현이다. 글자 그대로 '당신 다음에 내가 하겠다'라는 의미이다.

VOCA

copy machine 복사기

툭툭

상황에 따라 영어 두 단어로도 충분합니다.
두 단어 영어로 쉽게 말해보세요.

상황 38

A : One cheese burger and one large size coke, please.

B : Anything else?

A : 치즈버거 하나 하고 콜라 큰 거 주세요.
B : 다른 거는 필요 없으세요?

TIP
"Anything else?"는 '다른 거는 필요 없으세요?'라는 의미로, "Is there anything else you need?"의 줄임말이다. "Will that be all?"이라는 표현을 사용하기도 한다.

상황 39

A : Let me give you a ride to the hotel.

B : Don't bother.

A : 제가 호텔까지 차로 모시겠습니다.
B : 그러실 필요 없습니다.

TIP
"Don't bother."는 "Don't bother yourself." '그러실 필요 없습니다'의 줄임말이다. 위 대화에는 "No, it's fine."이라고 해도된다.

VOCA ride 타기, 타고가기 | bother 신경 쓰다, 애쓰다

14 > 천만에요.

MY PLEASURE.

ENG_14.mp3

상황 40

A : Thank you for your kindness.

B : My pleasure.

A : 친절에 감사드립니다.

B : 천만에요.

TIP

"My pleasure."는 고맙다는 말에 대한 대답으로 '뭘요', '도와드리게 돼서 제가 기뻐요'라는 의미이다. 고맙다는 말에 대한 대답으로 "You're welcome.", "No problem.", "Don't mention it." 등이 올 수 있다.

VOCA

kindness 친절

상황에 따라 영어 두 단어로도 충분합니다.
두 단어 영어로 쉽게 말해보세요.

상황 41

A : Should I go with you?

B : It doesn't matter to me. Suit yourself.

A : 제가 같이 가야 하나요?

B : 저는 아무래도 좋습니다. 마음대로 하세요.

> **TIP**
> "Suit yourself."는 '마음대로 하시오'라는 의미이며, 유사한 표현으로 "Please yourself.", "Do as you like."가 있다.

상황 42

A : Who will pay for dinner tonight?

B : My treat.

A : 오늘 저녁 식사 누가 계산할 거야?

B : 내가 낼게.

> **TIP**
> "My treat."은 "It's my treat."을 줄인 표현이다. treat은 명사로 '특별한 것[선물], 대접, 한턱' 등의 의미를 가진다.
> "My treat." 대신 "I'll pay.", "I'll pick up the check."이라는 표현을 사용하기도 한다.

VOCA treat 대접하다, 대접, 한턱 | pay for ~을 지불하다

15 > 잘 지내니?
WHAT'S UP?

ENG_15.mp3

상황 43

A : What's up?

B : **Nothing special.**

A : 잘 지내니?
B : 별일 없이 지내.

TIP
"What's up?"은 '요즘 어때?', '잘 지냈어?'라는 의미의 가벼운 인사이며, 안부를 물을 때 사용한다. "How're you doing?"으로 대신 쓸 수 있다.

VOCA nothing 아무것도 | special 특별한

툭툭

상황에 따라 영어 두 단어로도 충분합니다.
두 단어 영어로 쉽게 말해보세요.

상황 44

A : **Can I speak to Mr. Smith?**

B : Hold on.

A : Smith 씨하고 통화할 수 있을까요?

B : 잠시만 기다리세요.

TIP

hold는 '손, 발 등으로 잡고 있다'라는 의미의 동사로, hold on은 전화상에서 '수화기를 계속 들고 있어라' 즉, '잠시만 기다리라'는 의미이다. "Wait a minute.", "One moment."로 바꾸어 쓸 수 있다.

VOCA

hold on 기다려라

상황 45

A : **I hope to become a movie star.**

B : Get real. **It's not that easy.**

A : 나는 영화 배우가 되고 싶어.

B : 정신 차려. 그거 그렇게 쉬운 게 아니야.

TIP

"Get real."은 '정신 차려라', '진지하게 해라' 등의 의미이며, 어리석거나 비이성적인 행동이나 말을 할 때 사용하는 표현이다.

VOCA

get real 진지하게 하다, 현실을 직시하다 | movie star 영화배우

16 잘했다!
WELL DONE!

ENG_16.mp3

상황 46

A : I have already finished my report.

B : Well done!

A : 나는 이미 보고서 작성을 끝냈어.

B : 잘했다!

TIP

"Well done!"은 '잘했어', '훌륭해'라는 의미로 칭찬할 때 사용할 수 있는 표현으로 "Good job!"으로 바꿔 쓸 수 있다.

툭툭

상황에 따라 영어 두 단어로도 충분합니다.
두 단어 영어로 쉽게 말해보세요.

상황 47

A : Will you work overtime on Christmas?

B : No way!

A : 크리스마스에 야근해 줄 수 있나요?

B : 안 돼요!

TIP

"No way!"는 '절대로 안 돼', '절대 싫어' 등의 의미로 부탁에 대한 단호한 거절을 나타내며, 상황에 따라 "No way!"는 '말도 안 돼!'라는 의미로 쓰이기도 한다.

VOCA

overtime 초과근무

상황 48

A : I heard that James finally got a promotion.

B : No wonder.

A : James가 드디어 승진했다고 들었다.

B : 놀랄 일도 아니지.

TIP

"No wonder."는 "It is no wonder (that) ~"을 줄인 표현으로 '~것은 전혀 놀랍지 않다[당연하다]'라는 의미이다.

* get a promotion 승진하다

VOCA

promotion 승진

17 잘 지내고 있어.
CAN'T COMPLAIN.

ENG_17.mp3

상황 49

A : **How are you doing?**

B : Can't complain. **You?**

A : 어떻게 지내니?

B : 잘 지내고 있어. 너는?

TIP
"Can't complain"은 직역하면 '불평할 수 없다'라는 뜻으로, '잘 지낸다'는 의미이다. 비슷한 뜻의 표현으로 "I have nothing to complain about."이 있으며, "Pretty good.", "Couldn't be better."도 '아주 잘 지낸다'라는 의미의 표현이다.

VOCA
complain 불평하다

톡톡

상황에 따라 영어 두 단어로도 충분합니다.
두 단어 영어로 쉽게 말해보세요.

상황 50

A : Are you resigning?

B : No comment.

A : 사임할 것입니까?

B : 말하고 싶지 않습니다.

> **TIP**
> "No comment."는 "I have no comment."를 줄인 표현으로, 언급하고 싶지 않은 질문에 대답하기 싫을 때 사용하는 표현이다.

VOCA
resign 사임하다 | comment 언급하다

상황 51

A : How would you like to pay?

B : By cash.

A : 어떻게 계산하실 것입니까?

B : 현찰로 하겠습니다.

> **TIP**
> "By cash."는 "I'll pay by cash."를 줄인 표현으로 '현금으로 지불하다'는 의미이며, "In cash."라고 해도 된다. 카드로 결제할 때에는 "By card."라고 한다.

VOCA
cash 현찰, 현금

18 중간으로 구워주세요.
MEDIUM, PLEASE.

ENG_18.mp3

상황 52

A : **How would you like your steak?**

B : Medium, please.

A : 스테이크 어떻게 해드릴까요?

B : 중간으로 구워주세요.

TIP

"Medium, please."는 "I'd like it medium, please."를 줄인 표현이며, "Medium." 이외에 "Well-done."(완전히 익혀주세요), "Medium-rare."(약간 덜 익혀주세요), "Rare."(덜 익혀주세요)라고 대답할 수 있다.

VOCA

medium 중간의

톡톡

상황에 따라 영어 두 단어로도 충분합니다.
두 단어 영어로 쉽게 말해보세요.

상황 53

A : Check, please.

B : Here it is.

A : 계산서 좀 주세요.

B : 여기 있습니다.

TIP

"Check, please."는 "Could you bring me a check, please?"를 줄인 표현이며, 그 밖에 계산서를 달라는 표현으로는 "Can I have the bill please?", "May I have the check?" 등이 있다. "Here it is."는 '여기 있습니다.'라는 표현으로 물건을 건넬 때 사용한다.

상황 54

A : What's the purpose of your visit?

B : Just traveling.

A : 방문 목적이 무엇입니까?

B : 그냥 여행하려고 왔어요.

TIP

공항에서 흔히 사용하는 대화로 방문 목적을 묻는 내용이다. "Just traveling." 이외에 "On business." (업무차 왔어요), "On vacation." (휴가차 왔어요), "Sightseeing." (관광하러 왔어요), "To study." (공부하러 왔어요)로 대답할 수 있다.

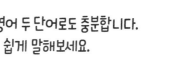

19 마음껏 드세요.
HELP YOURSELF.

ENG_19.mp3

상황 55

A : Help yourself.

B : **Thank you.**

A : 마음껏 드세요.

B : 감사합니다.

TIP

"Help yourself (to the dishes)!"는 '음식을 마음껏 드세요'라는 의미이며, 음식뿐 아니라 행동을 권할 때 사용하는 표현이며, 행동을 권하는 상황에서는 "Go ahead." (어서 하세요.)로 바꿔 쓸 수 있다.
A: Can I use your phone? 네 전화기를 써도 되니? B: Sure, help yourself. (=Go ahead.) 물론이야, 마음껏 써.

톡톡

상황에 따라 영어 두 단어로도 충분합니다.
두 단어 영어로 쉽게 말해보세요.

상황 56

A : Can you fix the door?
B : Yeah, no sweat.

A : 문을 고칠 수 있겠니?
B : 응, 문제없어.

VOCA fix 수리하다 | sweat 땀

TIP
"No sweat."은 "It's no sweat."을 줄인 표현으로 '별거 아니다', '아무것도 아니다'라는 의미이다. 어떤 부탁을 받았을 때 '쉽게 할 수 있어서 땀 한 방울 흘릴 필요 없다'는 뜻과 유사한 표현으로는 "It's no problem.", "Don't worry."가 있다. 참고로, "No sweat, no sweet." '땀 흘리지 않으면 달콤함도 없다'라는 표현도 있다.

상황 57

A : I have to go now.
B : OK. See you.

A : 나 지금 가야 해.
B : 알았어. 다음에 보자.

VOCA have to ~해야 한다

TIP
"See you."는 '또 보자'라는 뜻으로 "See you around[later].", "Catch you later."와 같은 의미이다.

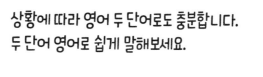

20 > 얼마나?

How much?

ENG_20.mp3

상황 58

A : Could you lend me some money?

B : How much?

A : 돈 좀 빌려줄래?

B : 얼마나?

TIP

"How much?"는 "How much money do you need?"를 줄인 표현으로 액수나 양을 물을 때는 how much를 사용한다. 참고로 수를 물을 때는 how many를 쓴다.

cf. How many pencils do you have? 넌 연필을 몇 자루 갖고있니?

VOCA

lend 빌려주다

툭툭

상황에 따라 영어 두 단어로도 충분합니다.
두 단어 영어로 쉽게 말해보세요.

상황 59

A : What kind of pizza do you want?

B : Your choice.

A : 어떤 피자를 먹고 싶니?

B : 네가 골라.

> **TIP**
> "Your choice."는 "It's your choice."를 줄인 표현으로 '네가 선택해', '너 마음대로 해'라는 의미이다.

VOCA choice 선택

상황 60

A : Turn down the volume, please.

B : Again, please.

A : 볼륨 좀 줄여주세요.

B : 다시 한 번 말씀해 주세요.

> **TIP**
> "Again, please." 또는 "Can you say that again?"은 '다시 한 번 얘기해 주세요'라는 의미이다. 같은 의미의 표현으로 "Pardon?", "Come again."이 있다.

VOCA turn down 약하게 하다, 줄이다 | volume 음량, 볼륨

21 > 이해하고 있어.
GOT IT.

ENG_21.mp3

상황 61

A : Do you understand what I'm saying?
B : Got it.

A : 내가 무슨 말을 하는지 알겠니?
B : 이해하고 있어.

TIP
"Got it."은 "I got it."의 줄임말로 상대방의 말이나 의도를 이해하고있다는 뜻이다.

VOCA
understand 이해하다

툭툭

상황에 따라 영어 두 단어로도 충분합니다.
두 단어 영어로 쉽게 말해보세요.

상황 62

A : I'm sorry I broke your window.

B : I'm OK. Never mind.

A : 창문을 깨서 미안합니다.

B : 괜찮아요. 신경 쓰지 마세요.

> **TIP**
> "Never mind."는 '신경 쓰지 마세요'라는 의미이며, 비슷한 표현으로 "It's OK.", "It's alright." 등이 있다.

상황 63

A : Take care.

B : You too. I'll be in touch.

A : 잘 지내.

B : 너도 잘 지내. 연락할게.

> **TIP**
> "Take care."는 헤어질 때 하는 인사로 '잘 지내', '몸 건강해'라는 뜻이며, "Take care of yourself."라고 하기도 한다.

VOCA
be in touch 연락하다

22 > 별거 아니야. NO PROBLEM.

ENG_22.mp3

상황 64

A : Thank you for lending me your bicycle.

B : No problem.

A : 자전거 빌려줘서 고마워.

B : 별거 아니야.

TIP

"No problem."은 '괜찮아요', '별거 아니에요' 등의 뜻으로 고마움이나 미안함을 나타내는 말에 대한 응답이다.

톡톡

상황에 따라 영어 두 단어로도 충분합니다.
두 단어 영어로 쉽게 말해보세요.

상황 65

A : I'd like to have steak.

B : Same here.

A : 스테이크 먹고 싶다.

B : 나도.

TIP
상대방이 하는 말과 자기의 의견이나 생각이 같을 때 "Same here."라고 한다. have는 '~을 가지다'라는 의미 이외에도 '~을 먹다'라는 뜻으로도 쓴다.

상황 66

A : What's new, Jack?

B : Nothing much. How about you?

A : Jack, 잘 지내니?

B : 그럭저럭 지내. 너는?

TIP
"Nothing much."는 '별일 없이 그럭저럭 지내다'는 의미로 "The same as usual." '늘 그렇지, 뭐'와 비슷한 의미의 표현이다. "What's new?"는 "What's up?"과 유사한 표현이다.

23 > 전혀 기대하지 마.

FAT CHANCE.

ENG_23.mp3

상황 67

A : Do you think we'll get a raise?

B : Fat chance.

A : 우리 월급이 오를까?

B : 전혀 기대하지 마.

TIP

fat은 '많은', '풍부한' 등의 의미를 가지고 있지만, 이 표현에서는 반어적으로 little 또는 no의 의미로 쓰인다. "Fat chance."는 부정적인 의미로 '가능성이 거의 없다'라는 의미이며, "No chance."는 '가능성이 전혀 없다'라는 뜻으로 더 강한 부정의 의미를 나타낸다.

VOCA

raise 봉급인상 | fat chance 매우 희박한 가망성

툭툭

상황에 따라 영어 두 단어로도 충분합니다.
두 단어 영어로 쉽게 말해보세요.

상황 68

A : I have to go to China tomorrow.

B : What for?

A : For business.

A : 나 내일 중국에 가야 해.

B : 중국에는 왜 가는데?

A : 일 때문에.

TIP

"What for?"는 '왜?'라는 뜻으로 "Why?"와 같은 의미이다. "For business."는 '사업차 간다'는 의미이다.

VOCA

for business 사업차

상황 69

A : I'm attending the party tonight.

B : Have fun.

A : 나 오늘 밤 파티에 갈 거야.

B : 즐겁게 보내.

TIP

"Have fun."은 '즐겁게 보내라'라는 뜻으로 "Have a good time."과 같은 의미이다.

VOCA

attend 참석하다 | have fun 즐겁게 지내다

돈이면 다 돼.

MONEY TALKS.

ENG_24.mp3

상황 70

A : How on earth did she get into college?

B : Money talks.

A : 어떻게 그녀가 대학에 갈 수 있었지?
B : 돈이면 다 돼.

TIP
"Money talks."는 직역하면 '돈이 말하다'는 의미로 '돈이면 다 돼'라는 뜻이다. 위의 대화에서는 "Her father has donated a scholarship of one million dollars to the college." '그녀의 아버지가 대학에 백만 달러를 장학금으로 기부했어.'의 의미쯤 된다.

툭툭

상황에 따라 영어 두 단어로도 충분합니다.
두 단어 영어로 쉽게 말해보세요.

상황 71

A : Can you help me with this report?

B : Afraid not.

A : 보고서 쓰는 거 도와줄 수 있니?

B : 아마도 도와줄 수 없을 거야.

TIP
"Afraid not."은 "I'm afraid not."의 줄임말이며, 완곡하게 거절할 때 사용하는 표현으로 '아마 도와 줄 수 없을 거야'라는 의미이다.

VOCA afraid 두려운

상황 72

A : Did you finish your report?

B : Yes, I did.

A : Good job.

A : 너 보고서 끝냈니?

B : 그래.

A : 잘했다.

TIP
"Good job."은 칭찬할 때 사용하는 표현으로 '잘했어'의 의미이다. 같은 뜻의 표현으로 "Well done.", "Excellent." 등이 있다.

VOCA Good job! 잘했어! [훌륭해!]

25

가져갈 거예요.

To GO.

ENG_25.mp3

상황 73

A : For here or to go?

B : To go.

A : 여기서 드실 거예요, 가져가실 거예요?

B : 가져갈 거예요.

TIP

"For here or to go?"는 "Is this for here or to go?"를 줄인 표현으로 패스트푸드점에서 사용하는 표현이다.
뜻은 '여기서 드실 거예요, 가져가실 거예요?'라는 의미이다.

톡톡

상황에 따라 영어 두 단어로도 충분합니다.
두 단어 영어로 쉽게 말해보세요.

상황 74

A : Any questions?

B : Nope.

A : 질문 있습니까?

B : 없습니다.

TIP

"Any questions?"는 "Do you have any other questions?" 또는 "Are there any questions?"의 줄임말이다. nope은 no에 해당하는 구어이다.

VOCA

question 질문

상황 75

A : What do you think of this painting?

B : Not bad.

A : 이 그림 어떠니?

B : 나쁘지 않은 거 같아.

TIP

"Not bad."는 '(그다지) 나쁘지 않은', '꽤 좋은(=quite good)' 등의 의미를 가지고 있으며 위의 대화에서는 "It is not a bad painting."의 줄임말이다.

VOCA

painting 그림

26 비타민만 먹고 있습니다. ONLY VITAMINS.

ENG_26.mp3

상황 76

A : Are you taking any medications?

B : Only vitamins.

A : 약 먹는 거 있으세요?

B : 비타민만 먹고 있습니다.

TIP
약을 처방하기 전에 복용하는 약이 있는지를 묻고 답하는 상황으로 병원이나 약국에서 들을 수 있는 대화이다. "Only vitamins."는 "I'm only taking vitamins."을 줄인 표현이다.

VOCA
medication 약 | take 섭취하다 | vitamin 비타민

톡톡

상황에 따라 영어 두 단어로도 충분합니다.
두 단어 영어로 쉽게 말해보세요.

상황 77

A : Can I stop now?

B : Keep going.

A : 지금 멈출까요?

B : 아니, 계속하세요.

> **TIP**
> "Keep going."은 격려하는 말로 '계속해'라는 의미이다. "Keep going." 대신 "Continue."라고해도 된다.

상황 78

A : How does that meat taste?

B : Pretty good.

A : 그 고기 어떠니?

B : 매우 맛있어.

> **TIP**
> "Pretty good."은 "It tastes pretty good."을 줄인 표현으로 '매우 좋다'라는 의미이며, "Very good."과 같은 의미이다.

VOCA meat 고기 | taste 맛을 보다

27 > 빨리 휴가가 왔으면 좋겠다.
CAN'T WAIT.

ENG_27.mp3

상황 79

A : Our vacation is next week.

B : Can't wait.

A : 우리 휴가가 다음 주야.
B : 빨리 휴가가 왔으면 좋겠다.

TIP
"Can't wait."은 "I can't wait to take our vacation."의 줄임말이며, 기대감을 나타내는 표현으로 기다릴 수 없을 정도로 매우 기대된다는 의미이다. 비슷한 표현으로 "I'm looking forward to it." '휴가가 기대된다'가 있다.

VOCA
vacation 휴가

툭툭

상황에 따라 영어 두 단어로도 충분합니다.
두 단어 영어로 쉽게 말해보세요.

상황 80

A : Can you make copies of this paper?

B : How many?

A : 이 서류 복사 좀 해주시겠습니까?

B : 몇 장을 복사 할까요?

TIP

"How many?"는 "How many copies do you need?"의 줄임말로 셀 수 있는 것을 물을 때 쓰는 표현이다. 양이나 액수 등 셀 수 없는 것을 물을 때는 "How much?"를 사용한다.

cf. How much water do you drink a day? 하루에 물을 얼마나 마시니?

VOCA

copy 복사

상황 81

A : Can you please give her one more chance?

B : No exception.

A : 그녀에게 한 번의 기회를 더 주시겠습니까?

B : 예외는 없습니다.

TIP

"No exception."는 "There is no exception."의 줄임말이며, 상대방의 부탁에 대한 부정의 대답으로 '안 된다'는 의미이다.

VOCA

exception 예외

28 나 화장실 가야 해. NATURE CALLS.

ENG_28.mp3

상황 82

A : Nature calls.

B : **Then, let's take a break for five minutes.**

A : 나 화장실 가야 해.

B : 그럼, 5분만 쉬자.

TIP

"Nature calls."는 '화장실 가야 해'라는 뜻으로 "I have to answer the call of nature."이라고 해도 된다. 다른 표현으로 "I want to wash my hands."가 있다.

VOCA take a break 잠시 휴식을 취하다

톡톡 상황에 따라 영어 두 단어로도 충분합니다.
두 단어 영어로 쉽게 말해보세요.

상황 83

A : Why don't you have some cheesecake?

B : I'm full.

A : 치즈 케이크 좀 먹어.
B : 나 배불러.

> **TIP**
> "I'm full."은 말 그대로 '배가 부르다.'는 의미이며 "I'm stuffed." 또는 "I've had enough."로 표현해도 된다.

VOCA full 배부른

상황 84

A : I have lost a lot of money in stock market.

B : Cheer up!

A : 나 주식에서 많은 돈을 잃었어.
B : 기운 내!

> **TIP**
> "Cheer up!"은 '기운 내라'라는 의미로 상대방을 위로하거나 상대방에게 용기를 줄 때 사용하는 표현이며, "Keep your chin up." '용기를 내'로 바꿔 쓸 수 있다.

VOCA a lot of 많은 | stock market 주식시장

29 그게 인생이야. THAT'S LIFE.

ENG_29.mp3

상황 85

A : I failed to get a promotion.

B : That's life.

A : 나 승진에 실패했어.

B : 그게 인생이야.

TIP

"That's life."는 어떤 일이 뜻대로 되지 않았거나, 실망스럽지만 받아들일 수밖에 없는 상황에서 '세상사가 다 그런 거지'라며 한탄하는 표현이다. 비슷한 의미의 표현으로 "That's the way life goes." '세상이 다 그런거야'가 있다.

툭툭

상황에 따라 영어 두 단어로도 충분합니다.
두 단어 영어로 쉽게 말해보세요.

상황 86

A : **I have never been on a surfing board.**

B : Brace yourself.

A : 서핑보드를 해 본 적이 없어.

B : 마음 단단히 먹어.

> **TIP**
> Brace yourself."는 '마음 단단히 먹어라'라는 의미로 뭔가 쉽지 않은 일을 하기 전에 상대방에게 말할 수있는 표현이다.

VOCA

brace 마음의 준비를 하게 하다, 마음을 다잡다 | surfing board 서핑보드

상황 87

A : **Would you accept my apology?**

B : Apology accepted.

A : 저의 사과를 받아 주시겠습니까?

B : 사과를 받아들이겠습니다.

> **TIP**
> "Apology accepted."는 '사과를 받아들이다'라는 의미로 상대방이 자신의 잘못을 사과할 때 그 사과를 받아 준다는 표현이다.

VOCA

accept 받아들이다 | apology 사과

동감이야.

I AGREE.

ENG_30.mp3

상황 88

A : I think the island is a perfect place for our vacation.

B : I agree.

A : 우리 휴가 장소로는 그 섬이 좋다고 생각해.
B : 동감이야.

TIP
"I agree."는 '동의하다'는 의미로 상대방의 의견에 동의를 나타내는 표현이다. 이외의 표현으로 "I absolutely agree." (전적으로 동의해), "That's right." (맞아), "I couldn't agree more." (전적으로 동의해), "You can say that again." (네 말이 맞아) 등이 있다.

VOCA
place 장소 | agree 동의하다

툭툭

상황에 따라 영어 두 단어로도 충분합니다.
두 단어 영어로 쉽게 말해보세요.

상황 89

A : I want to be a singer.

B : Grow up.

A : 나는 가수가 되고 싶어.

B : 철 좀 들어.

> **TIP**
> "Grow up."은 "Why don't you grow up?"의 줄임말로 '나이 값을 해라'라는 의미이다.

VOCA grow up 성장하다

상황 90

A : Do you like watching sports games on TV?

B : Kind of.

A : TV로 스포츠 경기 보는 거 좋아하니?

B : 조금 좋아해.

> **TIP**
> "Kind of."는 '어느 정도는 그렇다'라는 의미로 부분적인 긍정의 의미를 나타내며, "Sort of."로 바꿔 쓸 수 있다.

VOCA kind of 약간, 어느 정도

31 > 행운을 빌어.

GOOD LUCK.

ENG_31.mp3

상황 91

A : **I have a job interview tomorrow.**

B : Good luck.

A : 나 내일 면접이 있어.

B : 행운을 빌어.

TIP

"Good luck."은 "I wish you good luck."의 줄임말이며, '행운을 빌어'라는 의미로 상대방을 응원할 때 쓸 수 있는 표현이다. 같은 의미의 표현으로 "I'll keep my fingers crossed for you." '행운을 빌게'가 있다.

VOCA

interview 인터뷰

툭툭

상황에 따라 영어 두 단어로도 충분합니다.
두 단어 영어로 쉽게 말해보세요.

상황 92

A : Going up?

B : **No, going down.**

A : 올라가세요?

B : 아니요, 내려갑니다.

TIP
"Going up?"은 "Is this going up?"의 줄임말이며, 엘리베이터와 관련된 표현으로 '올라가세요?'의 의미이다. 그 밖에 표현으로는 "Which floor are you going to?" '몇 층 가세요?'가 있다.

VOCA
go down 내려가다

상황 93

A : **She is ten years older than you.**

B : So what?

A : 그녀는 너보다 10살이 많아.

B : 그래서 뭐?

TIP
"So what?"은 '그래서 그게 어떻다는 거야?'라는 의미이며, "So what does it matter?"을 줄인 표현으로 상대방 의견에 관심이 없거나 반박할 때 사용한다.

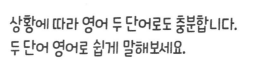

32 > 왜?

HOW COME?

ENG_32.mp3

상황 94

A : She broke up with Mike.

B : How come?

A : 그녀는 Mike와 헤어졌어.

B : 왜?

TIP

"How come?"은 '왜?'라는 의미로 "Why?"와 비슷하게 미국인들이 자주 사용하는 표현이다. "How come you are angry?" '너 왜 화가 났니?'

VOCA

break up with ~와 헤어지다

톡톡 상황에 따라 영어 두 단어로도 충분합니다.
두 단어 영어로 쉽게 말해보세요.

상황 95

A : How did you get that scar on your forehead?

B : Beats me.

A : 이마에 상처가 어떻게 생겼습니까?

B : 모르겠습니다.

TIP "Beats me."는 "It beats me."의 줄임말이며, '모르겠다'라는 의미로 비공식적인 자리에서 주로 친근한 사이에 사용하는 표현이다. 비슷한 의미의 표현으로 "I don't know.", "I have no idea."가 있다.

VOCA scar 상처 | forehead 이마

상황 96

A : Jane will show up no matter what.

B : Wanna bet?

A : Jane은 무슨 일이 있어도 올 거야.

B : 내기할래?

TIP "Wanna bet?"은 "Do you want to bet?"의 줄임말이며, '내기할래?', '확실해?' 등의 의미로 내기를 할 만큼 무언가 확신하는가를 묻는 표현이다.

VOCA no matter what ~일지라도, 무슨 일이 있어도 | show up 나타나다

33 과찬이십니다!
I'M FLATTERED!

ENG_33.mp3

상황 97

A : You're the best singer.

B : I'm flattered!

A : 당신은 최고의 가수입니다.

B : 과찬이십니다!

TIP
"I'm flattered!"는 '과찬이십니다', '천만의 말씀입니다'라는 의미로 상대방의 칭찬에 대한 응답이다.

VOCA
flatter 아첨하다

툭툭

상황에 따라 영어 두 단어로도 충분합니다.
두 단어 영어로 쉽게 말해보세요.

상황 98

A : **Where are we?**

B : Stay focused.

A : 우리 어디까지 얘기했지?

B : 집중 좀 해.

TIP

stay는 '~한 상태를 계속 유지함'을 나타내는 동사로 "Stay focused."는 '집중한 상태를 계속 유지하라' 즉, '집중해라'의 의미가 된다. 참고로, 페이스북 CEO 마크 저커버그가 "Stay focused & keep shipping." (집중하고 계속 가자)라는 글귀를 쓰기도 했다.

VOCA focus 집중하다

상황 99

A : **I'm really sorry. Please forgive me.**

B : **Never.** Get lost.

A : 정말 미안해. 용서해 줘.

B : 용서 못해. 꺼져.

TIP

"Get lost."는 명령형으로 '꺼져버려'라는 의미로 무례하게 들릴 수도 있는 표현이기 때문에 장난치며 농담을 주고받는 친한 사이가 아니라면 사용하지 않는 게 좋다. 비슷한 의미의 표현으로 "Go away." (저리 비켜, 꺼져), "Beat it." (저리 가, 꺼져)등이 있다.

VOCA forgive 용서하다

34 진정해.
CALM DOWN.

ENG_34.mp3

상황 100

A : How dare you say such a thing to me?

B : Calm down.

A : 어떻게 내게 그런 말을 할 수 있니?

B : 진정해.

TIP

"Calm down."은 '진정해', '긴장을 풀어'라는 의미이며, 비슷한 표현으로 "Relax." '진정해'가 있다.

VOCA

calm down 진정하다

툭툭

상황에 따라 영어 두 단어로도 충분합니다.
두 단어 영어로 쉽게 말해보세요.

상황 101

A : Who stole my money?

B : Not me.

A : 누가 내 돈을 훔쳤니?

B : 나는 아니야.

TIP
"Not me."는 '나는 아니야.'라는 의미로 "It was not me."의 줄임말이다.

상황 102

A : I couldn't open the window.

B : Try again.

A : 창문을 열 수가 없어.

B : 다시 해봐.

TIP
"Try again."은 '다시 해봐'라는 의미이다.

VOCA try 시도하다

35 누가 앞서고 있니? WHO'S AHEAD?

ENG_35.mp3

상황 103

A : Who's ahead?

B : **Our team is up.**

A : 누가 앞서고 있니?

B : 우리 팀이 앞서고 있어.

TIP
"Who's ahead?"는 경기에서 '누가 앞서고 있니?'라는 의미로 "Who's winning?"으로 바꿔 쓸 수있다.

VOCA
ahead 앞선 | up 수준·정도가 더 높거나 위에 있음을 나타냄

툭툭

상황에 따라 영어 두 단어로도 충분합니다.
두 단어 영어로 쉽게 말해보세요.

상황 104

A : Buckle up.

B : OK.

A : 안전벨트 매.

B : 알았어.

TIP

"Buckle up."은 '안전벨트를 착용해라'라는 의미로 "Fasten your seat belt."와 같은 의미이다.

VOCA

buckle 버클, 잠금장치

상황 105

A : Forgive me for being late.

B : Forget it.

A : 늦어서 죄송합니다.

B : 잊어버리세요.

TIP

"Forget it."은 '잊어버려' 또는 '괜찮습니다'라는 의미로 "Forget about it."이라고 표현해도 된다.

VOCA

forget 잊다

36 원 샷! BOTTOMS UP!

ENG_36.mp3

상황 106

A : Bottoms up!

B : **Cheers.**

A : 원 샷!

B : 건배.

TIP

Bottoms up."은 '잔을 비우자', '쭉 들이키자', '건배하자' 등의 의미이며, "Drink it up!"로 바꿔 쓸 수 있다. 우리가 흔히 사용하는 "One shot!"은 올바른 영어 표현이 아니다.

VOCA

bottom 맨 아래, 바닥

톡톡 상황에 따라 영어 두 단어로도 충분합니다.
두 단어 영어로 쉽게 말해보세요.

상황 107

A : We are out of time. Hurry up!

B : I'm coming.

A : 시간 없어. 서둘러!

B : 지금 가요.

TIP
out of time은 '시간이 없다'라는 의미이고, "I'm coming."은 '지금 갈게', '다 되어가요'라는 뜻이다. '가다'라는 의미지만, 상대방의 입장에서는 자신에게 오는 것이기 때문에 going이 아니라 coming을 쓴다는 점에 유의하자.

VOCA out of time 시간이 모자라는 | hurry up 서두르다

상황 108

A : I will offer 50 dollars for your bicycle.

B : Fair enough. You can have it for that price.

A : 너 자전거 50달러에 살게.

B : 알았어. 그 가격에 팔게.

TIP
"Fair enough."은 '알았어', '그래' 등의 뜻으로 남의 의견에 대해 완전히 이해하거나 동의하는 건 아니지만 그 정도면 받아들이겠다는 의미이다.

VOCA fair 상당한, 제법 큰 | enough 충분한

37 왜 사지 말라는 거야?

WHY NOT?

ENG_37.mp3

상황 109

A : **You had better not buy the book.**

B : Why not?

A : 그 책을 사지 않는 게 좋겠다.

B : 왜 사지 말라는 거야?

TIP

"Why not?"은 '왜 안 되는데?'라는 의미로 상대방의 부정에 대한 응답이다. 상황에 따라 '안 될게 뭐 있겠니?(물론이야)'라는 의미로 상대방의 제안에 대한 동의의 의미를 나타내기도 한다.

VOCA

had better ~하는 게 좋다

톡톡

상황에 따라 영어 두 단어로도 충분합니다.
두 단어 영어로 쉽게 말해보세요.

상황 110

A : Did you hear Mike is dating Jane?

B : Since when?

A : Mike하고 Jane이 사귄다는 소식 들었니?

B : 언제부터?

TIP

"Since when?"은 '언제부터?'라는 의미로 "Since when did Mike date Jane?"의 줄임말이다.

상황 111

A : I got ripped off by a cab driver.

B : That happens.

A : 나 택시요금 바가지 썼어.

B : 그런 일도 있는 거지.

TIP

"That happens."는 보통 어떤 사람이 겪은 일을 얘기 할 때 '그런 일도 있는 거지', '그건 어쩔 수 없다'라는 의미이다. get ripped off는 '바가지 쓰다'라는 의미이다.

VOCA

happen 일어나다, 발생하다

38 > 아직 못했습니다.
NOT YET.

ENG_38.mp3

상황 112

A : Have you decided what to do?
B : Not yet.

A : 뭘 할지 결정했습니까?
B : 아직 못했습니다.

TIP
"Not yet."은 '아직도 ~않다'라는 의미이며, 이 대화에서 "Not yet."은 "I have not yet decided what to do."의 줄임말이다.

VOCA decide 결심하다

톡톡

상황에 따라 영어 두 단어로도 충분합니다.
두 단어 영어로 쉽게 말해보세요.

상황 113

A : Any plans this Saturday?

B : Nothing special.

A : 이번 주 토요일에 무슨 계획 있니?

B : 특별한 일 없어.

TIP
"Nothing special."은 "I have nothing special."의 줄임말로 '이번 주 토요일에 특별한 계획이 없다'라는 의미이다.

VOCA
special 특별한

상황 114

A : I think we should reduce our living cost.

B : Good point.

A : 우리는 생활비를 줄여야 해.

B : 좋은 지적이야.

TIP
"Good point."은 "That's a good point."의 줄임말로 '좋은 지적이야'라는 의미이다.

VOCA
reduce 줄이다 | living cost 생활비 | point 요점, 중요한[기본적인] 사항

39 손 대지 마.
HANDS OFF.

ENG_39.mp3

상황 115

A : Can I take this pizza?

B : Hands off.

A : 이 피자 먹어도 되니?

B : 손 대지 마.

TIP
"Hands off."은 '손 대지 마'라는 의미로 "Get[Take your] hands off the pizza."의 줄임말이다.

VOCA
hand off 손을 치우다

톡톡

상황에 따라 영어 두 단어로도 충분합니다.
두 단어 영어로 쉽게 말해보세요.

상황 116

A : **Can you give me a ride home?**

B : **Sure.** Get in.

A : 집에까지 태워다 줄래?

B : 물론이야. 차에 타.

TIP

"Get in."은 '차를 타라'라는 명령문으로 in 다음에 the car가 생략되었다고 생각하면 된다. '차에서 내려라'라는 표현은 "Get off."이다.

VOCA

ride 탈 것 | get in 차에 타다

상황 117

A : **Can I have a few more minutes, professor?**

B : **No.** Time's up.

A : 교수님, 몇 분 더 주실 수 없나요?

B : 안 돼. 시간이 다 되었어.

TIP

"Time's up."은 '시간이 다 되었어'라는 의미이며, 비슷한 표현으로 "We are out of time." '시간이 없다'가 있다.

VOCA

a few 몇 개의

40 > 너한테 잘 어울려.

IT'S YOU.

ENG_40.mp3

상황 118

A : How is this sweater?

B : It's you.

A : 이 스웨터 어떠니?

B : 너한테 잘 어울려.

TIP
"It's you."는 '당신과 어울린다'라는 의미이다. 비슷한 표현으로 "It looks good on you." '너 한테 잘 어울린다' 등이 있다.

VOCA
sweater 스웨터

톡톡

상황에 따라 영어 두 단어로도 충분합니다.
두 단어 영어로 쉽게 말해보세요.

상황 119

A : It's getting late. I've got to go now.

B : Don't leave.

A : 시간이 늦어지고 있어. 나 지금 가야겠어.

B : 가지 마.

TIP

"Don't leave."는 '가지 마'라는 뜻으로 "Stick around." '계속 있어', '가지 말고 있어'라고도 쓰이며, 비슷한 표현으로 "Hang around here." '가지 말고 여기 있어' 등이 있다.

상황 120

A : All set?

B : OK. I'm almost ready.

A : 준비됐어요?

B : 예. 거의 준비됐어요.

TIP

"All set?"은 "Are you all set?"을 줄인 표현으로 "Are you ready?"로 바꿔 사용할 수 있다.

VOCA

set 놓다; ~하게 하다

41 > 좋겠다.
Lucky you.

ENG_41.mp3

상황 121

A : Guess what! I won second prize in the lottery.

B : Lucky you.

A : 있잖아! 나 2등 복권에 당첨됐어.
B : 좋겠다.

TIP
"Lucky you."는 "How lucky you are."를 줄인 표현이며, '정말 운이 좋구나,' '좋겠다'라는 의미이다.

VOCA
guess what 있잖아; 맞혀 봐 | lottery 복권

톡톡

상황에 따라 영어 두 단어로도 충분합니다.
두 단어 영어로 쉽게 말해보세요.

상황 122

A : What should I do if I fail again?

B : Who cares? Just do your best.

A : 또 떨어지면 어떡하지?

B : 아무도 신경 안 써. 최선을 다하면 되는 거야.

TIP

"Who cares?"는 '누가 신경이나 쓰겠니?' 즉, '아무도 신경 안 써'라는 의미로 비슷한 표현으로 "Does anyone really cares?", "Nobody cares."가 있다.

VOCA

care 관심을 가지다

상황 123

A : What time should we make it tomorrow?

B : Let's see. How about five?

A : 내일 우리 몇 시에 만날까?

B : 어디 보자. 5시 어때?

TIP

"Let's see."는 '어디 보자', '글쎄'라는 의미로 어떤 말을 하기 전에 망설이거나 생각을 하면서 쓰는 표현으로 감탄사 well과 의미가 같다.

42 > 물론이지.
YOU BET.

ENG_42.mp3

상황 124

A : I'm having a dinner party at my house. Can you come?

B : You bet. How can I miss it?

A : 우리 집에서 저녁 식사 파티를 할 거야. 올 수 있지?
B : 물론이지. 내가 어떻게 그걸 놓치겠니?

TIP
"You bet."은 '물론이지', '반드시 그렇게 할게'라는 의미로 상대방의 제안에 동의하거나 의견에 강하게 찬성할 때 쓰는 표현으로 "Certainly."나 "Of course."로 바꿔 쓸 수 있다.

VOCA bet 돈을 걸다; 틀림없다

톡톡

상황에 따라 영어 두 단어로도 충분합니다.
두 단어 영어로 쉽게 말해보세요.

상황 125

A : **Do you want some more water?**

B : **Yes, please.**

A : **OK.** Say when.

A : 물을 조금 더 드릴까요?

B : 네, 주세요.

A : 알겠습니다. 됐으면 말해주세요.

> **TIP**
> "Say when."은 물이나 음료수를 따라주다 적당한 때 얘기해 달라는 의미의 표현으로 "That's enough." '충분해요' 또는 간단하게 "When." '됐어요'로 대답할 수 있다.

상황 126

A : **I'm not going to say this again.** Listen up!

B : **Go on. I'm all ears.**

A : 나 이걸 다시 말하지 않을 거야. 잘 들어!

B : 말해 봐. 나 귀 기울이고 있어.

> **TIP**
> "Listen up!"은 '잘 들어!'라는 의미로 중요한 말을 하기 전에 쓰는 표현이다. 참고로 "I'm all ears."는 '난 귀 기울이고 있어'라는 의미이다.

VOCA
be all ears 귀 기울이다

Chapter 03

세 단어 영어로 풍부하게 말해봐!

이 책 한 권이면 영어를 툭! 툭! 내뱉는 게 쉽다고 느껴지실 거예요.

1 2 3
Take my word! (내 말을 믿어!)

Chapter 03에서 세 단어 영어로 쉽게 상황을 말해보세요. 새로운 표현들도 함께 공부할 수 있습니다.

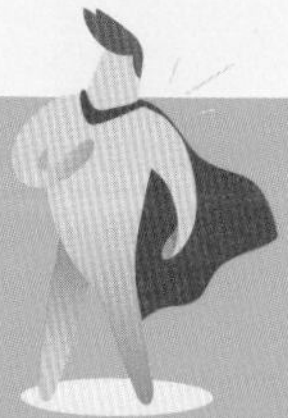

43

잘했다.

GOOD FOR YOU.

ENG_43.mp3

상황 127

A : I passed the exam.

B : Good for you.

A : 나 시험에 합격했어.

B : 잘했다.

TIP

"Good for you."는 '잘했어'라는 의미로 상대방을 칭찬하거나, 상대방에게 좋은 일이 생겨 축하해 주는 표현이다. 참고로 good to you는 '너에게 좋은,' '~에게 잘 해주는'의 의미이다.

VOCA

exam 시험

톡톡

영어 세 단어로 늘려서 말해보세요.
세 단어 영어면 표현이 풍부해집니다.

상황 128

A : Let's play baseball.
B : Count me out.

A : 우리 야구하자.
B : 나는 좀 빠질.

TIP
count는 '계산하다', '포함시키다'의 의미이며, "Count me out."은 게임이나 활동을 시작할 때 '나는 빠질'라는 의미의 표현이다. 참고로 "Count me in."은 '나도 껴줘'라는 의미이다.

VOCA
count (수를) 세다; 포함시키다

상황 129

A : Hello, this is Jim. Can I speak to Jane?
B : Speak up, please.

A : 저는 Jim인데요. Jane 하고 통화할 수 있을까요?
B : 큰 소리로 말해주세요.

TIP
"Speak up."은 '큰 소리로 말해주세요'라는 의미로, "Speak more loudly."와 같은 의미이다.

VOCA
speak up 크게 말하다

어디로 모실까요?

WHERE TO SIR?

ENG_44.mp3

상황 130

A : Where to sir?

B : **Plaza Hotel, please.**

A : 어디로 모실까요?

B : 프라자 호텔로 가주세요.

TIP

"Where to?"는 '어디 가세요?'라는 의미로 택시 운전기사가 손님에게 사용하는 표현이며, 손님이 남자인 경우는 뒤에 sir를, 여자인 경우에는 ma'am을 붙인다.

툭툭

영어 세 단어로 늘려서 말해보세요.
세 단어 영어면 표현이 풍부해집니다.

상황 131

A : Can I see your ID?

B : Here you go.

A : 신분증을 보여주시겠습니까?

B : 여기 있습니다.

TIP
"Here you go."는 '여기 있습니다'라는 의미로 물건 등을 건넬 때 사용하는 표현이며, "Here it is."로 바꿔 쓸 수 있다.

VOCA
ID(=identification) 신분증

상황 132

A : Let's eat out.

B : Sounds good.

A : 외식합시다.

B : 좋아요.

TIP
「Let's+동사원형」은 '~하자'라는 의미로 상대방에게 '권유'나 '제안' 할 때 사용하며, eat out은 '외식하다'라는 뜻이다.
"Sounds good."은 "It sounds good."의 줄임말이다.

VOCA
eat out 외식하다 | sound ~인 것 같다

45 부끄러운 줄 알아라.
SHAME ON YOU.

ENG_45.mp3

상황 133

A : **I'm sorry I'm late.**

B : Shame on you. **You're late every day.**

A : 지각해서 죄송합니다.

B : 부끄러운 줄 알아라. 너는 매일 지각하잖아.

TIP

"Shame on you."는 "It's shame on you."의 줄임말로, '부끄러운 줄 알아라'라는 의미이다. 잘못된 행동에 대해 상대방을 꾸짖는 표현이다.

VOCA

shame 부끄러움

툭툭

영어 세 단어로 늘려서 말해보세요.
세 단어 영어면 표현이 풍부해집니다.

상황 134

A : Cash or card?

B : **Card, please.**

A : 현금, 카드 어느 것으로 지불하시겠어요?

B : 카드로 하겠습니다.

TIP
"Cash or card?"는 "Will that be cash or card?"의 줄임말로 계산을 현금으로 할 것인지 카드로 할 것인지를 묻는 표현이다.

상황 135

A : **I have a job interview tomorrow.** Wish me luck.

B : **Good luck with your interview.**

A : 나 내일 입사 면접이 있어. 행운을 빌어줘.

B : 면접 잘 보길 바랄게.

TIP
"Wish me luck."은 '행운을 빌어줘'라는 의미이며, 상대에게 '자신의 일에 행운을 빌어달라'고 청할 때 사용하는 표현이다.

46

참 저렴하게 샀구나.

THAT'S A STEAL.

ENG_46.mp3

상황 136

A : I bought this shirt for 5 dollars.

B : That's a steal.

A : 이 셔츠를 5달러 주고 샀다.

B : 참 저렴하게 샀구나.

TIP

"That's a steal."은 '공짜나 마찬가지에요', '횡재했어'라는 의미로 훨씬 싼 가격으로 물건을 구매하거나 판매할 때 사용할 수 있는 표현이다. steal은 구어체에서 '참 싼 물건'이라는 의미가 있다. 비슷한 표현으로는 "That's a real bargain." (정말 싸게 샀어, 정말 싸게 사시는 거예요), "You got a good deal." (싸게 샀구나) 등이 있다.

VOCA

steal 공짜나 다름없이 산 물건

툭툭

영어 세 단어로 늘려서 말해보세요.
세 단어 영어면 표현이 풍부해집니다.

상황 137

A : I like apples.

B : So do I.

A : 나는 사과를 좋아해.

B : 나도 좋아해.

> TIP
> "So do I."는 '나도 좋아해'라는 뜻이며, "I like apples, too."와 같은 의미이다. be동사일 경우 "So am I."라고 말해야 한다.

상황 138

A : I don't like his movies. They are too violent.

B : Neither do I.

A : 나는 그의 영화를 좋아하지 않아. 그의 영화는 너무 폭력적이야.

B : 나도 좋아하지 않아.

> TIP
> "Neither do I."는 '나도 좋아하지 않아'라는 뜻으로 "I don't like his movies, either."와 같은 의미이다. be동사일 경우 "Neither am I."라고 말해야 한다.

47 > 잔돈은 가지세요.
KEEP THE CHANGE.

ENG_47.mp3

상황 139

A : Keep the change.

B : Thanks.

A : 잔돈은 가지세요.

B : 감사합니다.

TIP

change는 '거스름돈', '잔돈'을 의미하며, "Keep the change."는 '잔돈을 가지세요' 라는 의미이다. 택시를 타서 요금을 지불할 때 사용해보자.

VOCA

change 잔돈 | keep 간직하다, 보존하다

툭툭

영어 세 단어로 늘려서 말해보세요.
세 단어 영어면 표현이 풍부해집니다.

상황 140

A : How is your business?

B : Never been better.

A : 사업 잘 되니?

B : 아주 잘 되고 있어.

> **TIP**
> "Never been better."은 "It has never been better."의 줄임말로 '아주 좋다'라는 의미이다. "Never better."라고 할 수도 있다.

VOCA
business 사업, 장사

상황 141

A : Do you really want to quit the job?

B : Yes, I mean it.

A : 너 정말 회사를 그만 둘 거야?

B : 그래, 진심이야.

> **TIP**
> "I mean it."은 '진심[진담]이야', '농담이 아냐'라는 뜻으로 "I'm serious."와 유사한 의미를 가지고 있다.

VOCA
mean 의미하다

48 > 잘 모르겠어.
YES AND NO.

ENG_48.mp3

상황 142

A : Are you interested in the new project?
B : Yes and no.

A : 새로운 프로젝트에 관심 있니?
B : 잘 모르겠어.

TIP
"Yes and no."는 '그렇기도 하고 그렇지 않기도 하다'라는 뜻으로 질문에 대해 분명한 대답을 할 수 없을 때 사용한다.

VOCA
project 프로젝트 | be interested in ~에 관심이 있다

톡톡

영어 세 단어로 늘려서 말해보세요.
세 단어 영어면 표현이 풍부해집니다.

상황 143

A : **Would you come back to Seoul again?**

B : Without a doubt.

A : 서울에 다시 올 거니?

B : 반드시 돌아올 거야.

TIP

"Without a doubt."은 '의심할 여지없이', '틀림없이'라는 의미로 대화의 내용상 '서울에 반드시 다시 돌아올 것이다'라는 의미가 된다. "Without a doubt." 대신 "Yes, for sure." '물론이지'라고해도 된다.

VOCA

come back 돌아오다 | doubt 의심, 의혹

상황 144

A : **How's your leg?**

B : Better than before.

A : 너 다리 어떠니?

B : 전보다 좋아졌어.

TIP

"Better than before."는 "It is better than it was before."의 줄임말로 '이전보다 좋아'라는 의미이다. 전보다 더 안 좋아진 경우에는 "Worse than before."라는 표현을 사용한다.

49 저 모퉁이에 있습니다.
AROUND THE CORNER.

ENG_49.mp3

상황 145

A : **Where is the post office?**

B : Around the corner.

A : 우체국이 어디에 있습니까?

B : 저 모퉁이에 있습니다.

TIP

"Around the corner."는 '저 모퉁이에 있습니다'라는 의미로 "It's around the corner."의 줄임말이다. 상황에 따라 around the corner가 '코앞에 와 있는', '목전에 있는'이라는 의미로 사용되기도 한다.
cf. The summer vacation is just around the corner. 곧 여름 방학이다.

VOCA

post office 우체국 | around 주위에

톡톡

영어 세 단어로 늘려서 말해보세요.
세 단어 영어면 표현이 풍부해집니다.

상황 146

A : Coke or Sprite?

B : Coke, please.

A : 콜라를 드릴까요 아니면 사이다를 드릴까요?

B : 콜라 주세요.

TIP

"Coke or Sprite?"는 '콜라를 마실 것인지 사이다를 마실 것인지'를 묻는 표현으로 "Would you like Coke or Sprite?"의 줄임말이다. 참고로 미국에서는 사이다는 없고, 사이다를 마시고 싶으면 Sprite를 달라고 해야 한다.

상황 147

A : I have my first performance tomorrow.

B : Break a leg!

A : 내일 첫 번째 공연이 있어.

B : 잘해라!

TIP

"Break a leg!"은 '잘해', '행운을 빌어', '힘내'라는 의미로 상대방을 격려하는 표현이다.

VOCA

performance 공연

50 네 말의 요점은 뭐니? WHAT'S YOUR POINT?

ENG_50.mp3

상황 148

A : What's your point?

B : **My point is that we need your help.**

A : 네 말의 요점은 뭐니?

B : 내 요점은 우린 네 도움이 필요하다는 거야.

TIP

point는 '요점'이란 뜻으로 "What's your point?"은 '네 말의 요점은 뭐니?'라는 의미이다. 비슷한 표현으로 "What's your bottom line?"이 있다.

VOCA

point 요점

영어 세 단어로 늘려서 말해보세요.
세 단어 영어면 표현이 풍부해집니다.

상황 149

A : Why did you bring the umbrella?

B : Just in case.

A : 우산은 왜 가지고 왔니?

B : 혹시 몰라서.

TIP
"Just in case."는 '혹시 몰라서', '만일을 대비해서'라는 의미이며, 이 대화에서는 "Just in case it's raining."의 줄임말로 혹시 '비가 올지 몰라서'의 의미이다.

VOCA case 경우, 사례

상황 150

A : Where were we?

B : Page 32.

A : 우리 어디까지 했지?

B : 32페이지입니다.

TIP
"Where were we?"는 '우리 어디까지 했지?'라는 의미로 수업 중에 선생님이 학생들에게 진도를 묻는 경우 또는 중간에 대화를 이어 갈 때도 사용할 수 있다.

그러세요.

51 > BE MY GUEST.

ENG_51.mp3

상황 151

A : **Do you mind if I use the phone?**

B : Be my guest.

A : 이 전화를 써도 될까요?

B : 그러세요.

TIP

"Be my guest."는 상대방의 부탁을 들어 주며 하는 말로 '좋을 대로 해', '그러세요' 등의 의미이다.

VOCA

guest 손님

톡톡

영어 세 단어로 늘려서 말해보세요.
세 단어 영어면 표현이 풍부해집니다.

상황 152

A : Where am I?

B : **This is the Trade Center.**

A : 여기가 어디죠?

B : 무역센터입니다.

TIP
"Where am I?"는 '여기가 어디입니까?'라는 의미이며, 여럿이 함께 있을 때에는 "Where are we?"라고 한다.

VOCA
Trade Center 무역센터

상황 153

A : **Do you have this shirt in a size Large?**

B : Let me check.

A : 이 셔츠 large 사이즈 있어요?

B : 제가 알아보겠습니다.

TIP
"Let me check."은 "Let me check if we have the shirt in a size Large."의 줄임말로 '확인해 보겠습니다', '알아보겠습니다'라는 의미이다.

VOCA
check 검토하다, 확인하다

52 > 뭐든 말만 해.
YOU NAME IT.

ENG_52.mp3

상황 154

A : Can you do me a favor?
B : You name it.

A : 부탁 좀 들어줄래?
B : 뭐든 말만 해.

TIP
"You name it."은 '뭐든 말만 해'라는 의미로 상대방의 부탁을 흔쾌히 수락할 때 쓰는 표현이다.

VOCA
name 지명하다

톡톡 영어 세 단어로 늘려서 말해보세요.
세 단어 영어면 표현이 풍부해집니다.

상황 155

A : I'm from Korea.

B : What a coincidence! So am I.

A : 나는 한국에서 왔습니다.

B : 정말 우연이군요! 나도 한국 사람입니다.

TIP
"What a coincidence!"는 '정말 우연이군요!'라는 의미로 뜻하지 않은 일임을 나타낼 때 사용한다.

VOCA coincidence 우연의 일치

상황 156

A : What's the matter with you?

B : I'm in trouble.

A : 무슨 문제라도 있나요?

B : 나 곤경에 처했어요.

TIP
in trouble은 '곤경에 빠져서', '난처하여' 등의 의미를 가지고 있다. 좀 더 강조할 때에는 "I'm in big trouble." '큰 곤경에 처했어'라고 할 수 있다.

VOCA in trouble 곤경에 처한

53 > 내가 그럴 줄 알았어.
I KNEW IT.

ENG_53.mp3

상황 157

A : Tom broke up with his girlfriend.

B : I knew it.

A : Tom이 여자 친구와 헤어졌어.

B : 내가 그럴 줄 알았어.

TIP
"I knew it."은 '내가 그럴 줄 알았어'라는 의미로 대명사 it은 'Tom broke up with his girlfriend.'를 의미한다.

툭툭

영어 세 단어로 늘려서 말해보세요.
세 단어 영어면 표현이 풍부해집니다.

상황 158

A : Would you sing a song for me?

B : As you wish.

A : 나를 위해 노래를 불러 줄래요?

B : 원하신다면요.

TIP

"As you wish."는 '당신이 원하신다면요'라는 의미로 부탁을 흔쾌히 수락할 때 사용할 수있는 표현이다.

VOCA

wish 바라다, 소망

상황 159

A : She dumped me.

B : Oh, really?

A : 그녀가 나를 찼어.

B : 오, 정말?

TIP

dump은 '(애인을) 차다'라는 의미이며, "Oh, really?"는 놀람을 나타낼 때 사용하는 표현으로 '정말?', '설마?' 등의 의미이다.

VOCA

dump 차버리다

좋아요.

It sounds good.

ENG_54.mp3

상황 160

A : How about going to the movies tomorrow?

B : It sounds good.

A : 내일 영화 보러 가는 거 어때요?

B : 좋아요.

TIP

"It sounds good."은 '좋은 생각이야'라는 의미로 상대방의 의견에 동의할 때 사용한다. "Sounds good."이라고 해도 된다.

VOCA

Sounds good. 좋아.

톡톡 영어 세 단어로 늘려서 말해보세요.
세 단어 영어면 표현이 풍부해집니다.

상황 161

A : How was the movie?

B : I was impressed.

A : 그 영화 어땠어요?

B : 감동을 받았어요.

> **TIP**
> 「be impressed」는 '감동을 받다'라는 의미로 뒤에 대상이 오는 경우 전치사 with를 사용한다.
> ex. I'm impressed with the movie. (영화에 감동했어요.)

VOCA impressed 인상 깊은

상황 162

A : I drank a lot of orange juice to prevent from getting a cold.

B : Did it work?

A : 감기를 방지하기 위해 오렌지 주스를 많이 마셨어요.

B : 효과가 있었나요?

> **TIP**
> "Did it work?"은 '효과가 있었니?'라는 의미로, 동사 work는 '일하다'라는 의미 이외에 '(약이 사람에게) 잘 듣다', '효과가 있다'라는 의미를 가진다.

VOCA prevent 방지하다 | work 작동하다, 효과가 있다

55 > 그 말 취소해.

TAKE THAT BACK.

ENG_55.mp3

상황 163

A : I don't think you are strong enough to do that.

B : Take that back.

A : 난 네가 그것을 할 만큼 강하다고 생각하지 않아.
B : 그 말 취소해.

TIP
"Take something back."은 '~을 반품하다; ~을 회수하다'라는 의미로, 대화 내용상 "Take that back."은 '그 말을 취소해'라는 의미의 명령문이다. that은 상대방이 말한 것을 의미하는 대명사로 it으로 바꿔써도 된다.

톡톡

영어 세 단어로 늘려서 말해보세요.
세 단어 영어면 표현이 풍부해집니다.

상황 164

A : I bought a sports car last month.

B : I envy you.

A : 나 지난달에 스포츠카 샀어.

B : 네가 부럽다.

TIP

"I envy you."는 '나는 네가 부럽다'라는 의미이다.

VOCA

envy 질투하다

상황 165

A : Are you sure it doesn't hurt?

B : No big deal. **I have a slight cut.**

A : 너 안 아픈 거 맞아?

B : 별거 아니야. 살짝 베였어.

TIP

"No big deal."은 "It's no big deal."의 줄임말로 '별일 아니다', '대수롭지 않다'라는 의미이다.

VOCA

slight 약간의, 경미한 | cut 베인 상처, 베다, 자르다 | hurt 다치게 하다, 상처

56 그게 전부예요. THAT'S ALL.

ENG_56.mp3

상황 166

A : Do you need anything else except this chair?

B : No, that's all.

A : 이 의자 외에 다른 필요한 거 있나요?

B : 아니요, 그게 전부예요.

TIP
"That is all."은 '그게 전부야'라는 의미로 "That is all I need."의 줄임말이다.

VOCA
except ~외에

툭툭

영어 세 단어로 늘려서 말해보세요.
세 단어 영어면 표현이 풍부해집니다.

상황 167

A : Who's turn to cook tonight?

B : It's my turn.

A : 오늘 밤은 누가 요리할 차례지?

B : 내 차례야.

TIP

turn은 명사로 '(무엇을 할) 차례, 순번'의 의미이며 "It's my turn."은 '내 차례야'라는 뜻이다. in turn은 '교대로'라는 의미로 "Let's drive in turns."는 '교대로 운전하자'라는 의미이다.

상황 168

A : How did you know that he stole your watch?

B : Just a feeling.

A : 그가 너의 시계를 훔쳤는지 어떻게 알았니?

B : 그냥 감이야.

TIP

feeling은 '감' 즉, '예감', '직감'을 의미한다. "Just a feeling."은 "I just have a feeling that he stole my watch."의 줄임말이다.

VOCA

steal 훔치다 | feeling 느낌, 기분

57 천천히 하세요.
TAKE YOUR TIME.

ENG_57.mp3

상황 169

A : When do I have to fix this car by?

B : Take your time.

A : 이 차를 언제까지 고쳐야 하나요?

B : 천천히 하세요.

TIP
"Take your time."은 '너무 서두르지 말고 하던 것을 천천히 해라.'라는 의미이다. 이 표현은 상대방이 뭔가를 서두르며 하려고 할 때 쓸 수 있다.

툭툭

영어 세 단어로 늘려서 말해보세요.
세 단어 영어면 표현이 풍부해집니다.

상황 170

A : You owe me. **Don't forget it.**

B : **Thank you for your help.**

A : 너 나한테 빚졌다. 잊지 마라.

B : 도와줘서 고마워.

TIP

owe는 '~에게 빚을 지거나 신세를 지다'라는 의미로 "You owe me."는 '너 나한테 빚졌어'라는 의미이고, "I owe you."는 '나 너에게 큰 빚[신세]을 졌어'라는 의미이다.

VOCA

owe 빚지다, 신세를 지고 있다

상황 171

A : **I don't know who is going to receive the award.**

B : Take a guess.

A : 누가 상을 받을지 모르겠다.

B : 추측해 봐.

TIP

"Take a guess."은 '추측해 봐라'라는 의미로, "Take a guess who is going to receive the award."의 줄임말이다.

VOCA

receive 받다 | award 상 | guess 추측, 추측하다

58

너나 꺼져!

SAME TO YOU!

ENG_58.mp3

상황 172

A : **Get lost!**

B : Same to you!

A : 꺼져!

B : 너나 꺼져!

TIP

"Same to you!"는 인사에 대한 답으로 '당신도 그러기를 바라요'라는 의미와 상대방의 모욕 등에 대한 대꾸로 '당신도 마찬가지야'라는 의미가 있다. 이 문장에서는 상대방의 모욕에 대한 대꾸이다.

툭 툭

영어 세 단어로 늘려서 말해보세요.
세 단어 영어면 표현이 풍부해집니다.

상황 173

A : **How long will it take to learn how to ski?**

B : It takes time.

A : 스키 타는 거 배우는 데 얼마나 걸릴까요?

B : 시간이 좀 걸립니다.

TIP

"It takes time."은 "It takes time to learn how to ski."의 줄임말이다. take는 '(시간이) 걸리다'라는 의미로, 「it takes 사람+ 시간」은 '~에게 시간이 걸리다'라는 의미가 있다.

ex. It takes me an hour to get to the City Hall. 시청에 가는 데 1시간이 걸린다.

상황 174

A : **Why were you late today?**

B : **Because** I got lost.

A : 오늘 왜 늦었니?

B : 왜냐하면 길을 잃었어요.

TIP

"I got lost."는 '길을 잃어버렸다'라는 의미이다.

VOCA

get lost 길을 잃다

59 반반 나누어 내자.

GO FIFTY-FIFTY.

ENG_59.mp3

상황 175

A : **Let me pay for the bill today.**

B : **No.** Go fifty-fifty.

A : 오늘 내가 낼게.

B : 아니. 반반 나누어 내자.

TIP

"Go fifty-fifty."는 '돈을 각자 내자' 혹은 '따로 계산하자'라는 의미이다. 의미가 같은 표현으로 "Split the bill."이 있다.

VOCA

fifty-fifty 반반

툭툭 영어 세 단어로 늘려서 말해보세요.
세 단어 영어면 표현이 풍부해집니다.

상황 176

A : Who do you think will be the winner?

B : God only knows.

A : 누가 승자가 될까요?

B : 아무도 몰라요.

TIP
"God only knows."은 '오직 신만 알 수있다'라는 의미로 '아무도 모른다'는 뜻이다.

VOCA
winner 승리자

상황 177

A : Do you know what happened to Liz?

B : Not a clue.

A : Liz에게 무슨 일이 생겼는지 아니?

B : 모르겠어.

TIP
"Not a clue."은 '전혀 모르겠다'라는 의미로 "I have no idea."와 같은 의미이다.

VOCA
clue 실마리

60 바보 같은 소리 하지 마.

DON'T BE SILLY.

ENG_60.mp3

상황 178

A : I'd like to live alone.

B : Don't be silly.

A : 나는 혼자 살고 싶어.

B : 바보 같은 소리 하지 마.

TIP

"Don't be silly."는 '어리석게[바보같이] 굴지 마'라는 의미로, "Don't be fooled." 와 같은 의미이다.

VOCA

silly 어리석은 | would like to ~하고 싶다

툭툭

영어 세 단어로 늘려서 말해보세요.
세 단어 영어면 표현이 풍부해집니다.

상황 179

A : Can I play the computer game for another ten minutes?

B : That will do!

A : 컴퓨터 게임을 10분 더해도 될까요?
B : 충분히 했어!

TIP
"That will do."는 '그것으로 됐다', '그것으로 충분하니 이제 그만둬라'라는 의미이다. 이와 비슷한 의미로 "That's enough."가 있다.

VOCA
another 또 다른

상황 180

A : I'll treat you to dinner tonight.

B : If you insist.

A : 제가 오늘 저녁 사겠습니다.
B : 정 그러시다면.

TIP
"If you insist."는 "If you insist on doing it."의 줄임말로 '정 그러시다면', '원하신다면' 등의 의미로 쓴다.

61 > 연락하자.

KEEP IN TOUCH.

ENG_61.mp3

상황 181

A : **Sorry, but I have to go now.**

B : **OK.** Keep in touch.

A : 미안하지만, 나 지금 가야 해.

B : 알았어. 연락하자.

TIP

"Keep in touch."는 '연락하다'라는 의미로 전화, 메일, 편지 등으로 계속 연락을 하며 지내는 것을 말한다.

VOCA

keep in touch 연락하다

툭툭

영어 세 단어로 늘려서 말해보세요.
세 단어 영어면 표현이 풍부해집니다.

상황 182

A : **Thank you very much for your kindness.**

B : It was nothing.

A : 친절하게 해 주셔서 감사합니다.

B : 별것 아니였어요.

TIP
"It was nothing."은 고맙다는 말에 대한 응답으로 '별것 아니었다'라는 의미이다.

상황 183

A : **Nobody got seriously hurt.**

B : That's a relief.

A : 아무도 심하게 다치지 않았습니다.

B : 다행입니다.

TIP
"That's a relief."는 '정말 다행입니다'라는 의미로, 안도를 나타내며, 같은 의미의 표현으로 "What a relief."라고 해도 된다.

VOCA
nobody 아무도 ~않다 | seriously 심각하게 | relief 안심

62 > Jack 있나요?

IS JACK THERE?

ENG_62.mp3

상황 184

A : Is Jack there?

B : **Hold on, please.**

A : Jack 있나요?

B : 잠시만 기다리세요.

TIP
"Is Jack there?"은 전화 통화를 할 때 'Jack 있습니까?'라는 의미이다. "Is Jack there?"대신 "Can I speak to Jack?"이라고 표현해도 된다.

툭툭

영어 세 단어로 늘려서 말해보세요.
세 단어 영어면 표현이 풍부해집니다.

상황 185

A : I don't want to eat the carrots in the food.

B : Don't be picky.

A : 음식에 있는 당근은 먹고 싶지 않아.

B : 까다롭게 굴지 마.

TIP
"Don't be picky."는 '까다롭게 굴지 마'라는 의미로 여기서는 "Don't be picky about food."의 줄임말이다.

VOCA carrot 당근 | picky 까다로운

상황 186

A : Don't waste your time and make good use of it.

B : Stop nagging me.

A : 시간을 낭비하지 말고 잘 활용해라.

B : 내게 잔소리 하지 마.

TIP
nag는 '잔소리를 하다', '바가지를 긁다'라는 의미로 "Stop nagging me."는 '잔소리를 하지 마', '바가지를 그만 긁어라'라는 뜻이다. 「stop+동명사」는 '~하는 것을 멈추다'라는 의미이다.

VOCA waste 낭비하다 | make good use of ~을 잘 이용하다 | nag 잔소리를 하다

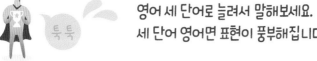

63

농담하니?

ARE YOU KIDDING?

ENG_63.mp3

상황 187

A : Are you kidding?

B : **No, I'm serious.**

A : 농담하니?

B : 아니, 진담이야.

TIP

"Are you kidding?" 또는 "Are you kidding me?"는 '너 농담하니?'라는 의미로 엄청 놀라운 소식을 들어 믿어지지 않을 때 사용하는 표현이다. 참고로 "No kidding."은 '장난 아니야'라는 의미이다.

VOCA

kid 농담하다

톡톡

영어 세 단어로 늘려서 말해보세요.
세 단어 영어면 표현이 풍부해집니다.

상황 188

A : Are you done yet?

B : Don't rush me.

A : 아직 끝내지 못했니?

B : 재촉하지 마.

TIP

"Don't rush me."는 '재촉하지 마', '다그치지 마'라는 의미이며, 비슷한 표현으로 "Don't be so pushy."가 있다.

VOCA

rush 재촉하다

상황 189

A : How's your new manager?

B : He really sucks.

A : 새로운 부장님 어떠니?

B : 밥맛이야.

TIP

suck은 원래 '빨아 먹다'라는 의미지만, 속어로 '엉망이다', '형편없다'라는 의미가 있다. 정말 싫거나 혐오감을 주는 사람이나 물건을 말할 때 사용할 수 있다.

VOCA

manager 매니저 | suck 빨아 먹다; 형편없다

64

그게 무슨 소리야!

DON'T BE RIDICULOUS!

ENG_64.mp3

상황 190

I think I should be on a diet.

A : I think I should be on a diet.

B : Don't be ridiculous! You look fine.

A : 나 다이어트 해야 할 것 같아.

B : 그게 무슨 소리야! 너 보기 아주 좋아.

TIP

"Don't be ridiculous!"는 '그게 무슨 소리니', '웃기지 말아요'라는 의미로, 상대방이 터무니 없는 소리를 할 때 쓸 수있는 표현이다.

VOCA

ridiculous 말도 안 되는, 터무니없는

툭 툭

영어 세 단어로 늘려서 말해보세요.
세 단어 영어면 표현이 풍부해집니다.

상황 191

A : **Where is the restroom?**

B : Down that way.

A : 화장실이 어디죠?

B : 저쪽으로 가세요.

TIP
"Down that way."는 "The restroom is down that way."의 줄임말이다.

VOCA
restroom 화장실

상황 192

A : **I didn't mean to ruin your birthday party.**

B : Knock it off.

A : 너의 생일파티를 망치려는 의도는 아니었어.

B : 시끄러워.

TIP
"Knock it off."는 '그만 해', '입 닥쳐' 등의 의미로, "Would you stop that?" '그만 할래?', "Cut it out!" '닥쳐' 등으로 대신 표현할 수 있다.

VOCA
ruin 망치다

65 > 들여보내세요.

BRING HIM IN.

ENG_65.mp3

상황 193

A : A man named Collins came to see you.

B : Bring him in.

A : Collins라는 분이 찾아왔습니다.
B : 들여보내세요.

TIP
"Bring him in."은 '그를 (내 방으로) 들여보내세요'라는 의미로 "Let's bring him in."이라고 표현할 수도 있다.

툭툭

영어 세 단어로 늘려서 말해보세요.
세 단어 영어면 표현이 풍부해집니다.

상황 194

A : If you don't finish the report, you have to work overtime.

B : That's too harsh.

A : 이 보고서 마치지 못하면 야근해야 한다.

B : 너무하시네요.

TIP

be too harsh는 '지나치다'라는 의미이며, "That's too harsh." 대신 "You're too harsh."라고 표현해도 된다.

VOCA

harsh 가혹한

상황 195

A : Are you sure it doesn't hurt?

B : Take my word.

A : 안 아픈 거 확실해?

B : 내 말을 믿어.

TIP

"Take my word."는 "You can take my word for it."을 줄인 표현으로 "Believe me.", "Trust me."보다 강한 의미를 나타낸다. 참고로 "I will take your word for it."은 '네 말을 믿을 게'라는 의미이다.

66 > 큰일 날 뻔했네.
THAT WAS CLOSE.

ENG_66.mp3

상황 196

A : Hey, watch out! A bus is coming.

B : Whew! That was close. **You just saved my life.**

A : 야, 조심해! 버스가 오고 있어.

B : 휴! 큰일 날 뻔했네. 덕분에 살았어.

TIP
close는 '근소한 차이'라는 의미를 나타내며, "That was close."는 '큰 일 날 뻔했어'라는 의미이다.

VOCA
watch out 조심해라 | save 구하다

영어 세 단어로 늘려서 말해보세요.
세 단어 영어면 표현이 풍부해집니다.

상황 197

A : I have no courage to ask her out.

B : Come on! What's the harm?

A : 그녀에게 데이트 신청할 용기가 없어.

B : 왜 그래! 손해 볼 게 뭐 있어?

> **TIP**
> "What's the harm?"은 '손해 볼 게 뭐 있어?'라는 의미로, 비슷한 표현으로 "It won't hurt." (해서 나쁠 건 없다), "There's nothing to lose." (밑져야 본전이다)가 있다.

VOCA courage 용기 | ask ~ out ~에게 데이트를 신청하다 | harm 해, 피해

상황 198

A : Why don't we have a cup of coffee and talk about it?

B : Now you're talking.

A : 우리 커피 한 잔 하면서 그것에 대해 이야기하는 게 어때?

B : 좋은 생각이야.

> **TIP**
> "Now you're talking."은 상대방이 마음에 드는 제안을 할 때나 또는 내 생각과 같은 내용을 말할 때 동의를 나타내는 표현이다. "It's a good idea."와 같은 의미이다. "Why don't we ~?"는 '~하는게 어때'라는 의미로 상대방에게 뭔가를 제안할 때 사용한다.

Chapter 04

네 단어 이상 영어로 원어민처럼 말해봐!

간단하고 정확하게 말하기는 절대 어렵지 않아요.

1 2 3 4 +

It's a piece of cake! (식은 죽 먹기야!)

chapter 04에서는 네 단어 이상으로 말할 수 있는 표현들을 소개합니다.
함께 배운 표현들을 일상에서 유용하게 사용해 보세요!

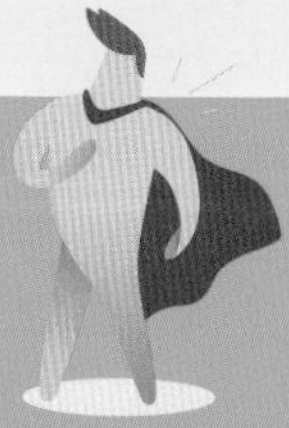

67 무료로 드리는 거예요.

IT'S ON THE HOUSE.

ENG_67.mp3

상황 199

A : **Here is a cheesecake for you.**

B : **I didn't order it.**

A : It's on the house.

A : 여기 치즈 케이크 있습니다.
B : 주문하지 않았는데요.
A : 무료로 드리는 거예요.

TIP
"on the house"는 '(술집이나 식당에서 술·음식이) 무료로 제공되는'이라는 의미이다. free, free of charge, for nothing은 모두 '공짜의', '무료의'라는 의미에 해당하는 표현들이다.

VOCA
order 주문하다

툭툭

영어를 더욱 길게~ 길게~ 말해보세요.
네 단어 이상 영어로 원어민처럼 말할 수 있습니다.

상황 200

A : Is this train for King's Cross?

B : **Yes.**

A : 이 기차가 King's Cross에 가나요?
B : 네.

> **TIP**
> '~에 간다'라는 표현으로 go, come 등의 동사를 이용하지 않고도 표현이 가능하다. 이 표현에서 전치사 for는 방향을 나타낸다. "Does this train go to King's Cross?"로도 표현할 수 있다.

상황 201

A : **I'm hungry.**

B : Let's grab a bite.

A : 나 배고파.
B : 뭘 좀 간단히 먹자.

> **TIP**
> bite는 '한 입', '소량의[가벼운] 식사'의 의미로, "Let's grab a bite."는 '뭘 좀 간단히 먹자'라는 의미이다.

VOCA
grab 붙잡다[움켜잡다] | bite (음식의) 한 입, 한 입의 분량

68

여기에 무슨 일로 왔니?

WHAT BRINGS YOU HERE?

ENG_68.mp3

상황 202

A : What brings you here?

B : I'm here to attend a seminar.

A : 여기에 무슨 일로 왔니?

B : 세미나에 참석하려고 왔어.

TIP

"What brings you here?"은 '여기에 무슨 일로 왔니?', '여기 웬일이니?'라는 의미이며, 「I'm here to + 부정사」로 답할 수 있다.

VOCA

seminar 세미나

상황 203

A : Do you know how to make a cake?

B : **Yeah,** it's a piece of cake.

A : 너 케이크 어떻게 만드는지 아니?

B : 응, 식은 죽 먹기야.

TIP
"It's a piece of cake."은 '식은 죽 먹기야'라는 의미로, 같은 뜻의 표현으로 "It's as easy as pie."가 있다.

상황 204

A : Why did you skip dinner?

B : I am on a diet.

A : 저녁은 왜 안 먹었니?

B : 다이어트 중이야.

TIP
on a diet는 '다이어트 중'이라는 표현이다.

VOCA
skip 거르다, 건너뛰다 | on a diet 다이어트 중

69 절대 안 돼.

OVER MY DEAD BODY.

ENG_69.mp3

상황 205

A : I love Mike and I'm going to marry him!

B : Over my dead body.

A : 나는 Mike를 사랑해서 그와 결혼할 거예요!
B : 절대 안 돼.

TIP
"Over my dead body."는 직역하면 '내 죽은 몸 위로 걸어가라'라는 의미로 '절대 허락할 수 없다'는 의미이다. 비슷한 표현으로는 "No way." (절대 안 돼), "Not in a million years." (어림없다)가 있다.

툭툭

영어를 더욱 길게~ 길게~ 말해보세요.
네 단어 이상 영어로 원어민처럼 말할 수 있습니다.

상황 206

A : Let's have a drink.

B : I am on duty now.

A : 한잔하자.

B : 지금 근무 중이야.

TIP

on duty는 '업무 중' 이라는 뜻이고 off duty는 '비번'이라는 뜻이다.

VOCA

on duty 근무 중

상황 207

A : Pull over there, please.

B : OK.

A : 차를 저쪽에 세워 주세요.

B : 알았습니다.

TIP

pull over는 '정차하거나 다른 차가 지나가도록 길 한쪽으로 차를 대다.'라는 의미로 경찰관들이 사용하는 표현이기도 하다.

VOCA

pull over 차를 길가로 붙이다

70 다음엔 시간 엄수해.
Be punctual next time.

ENG_70.mp3

상황 208

A : I'm sorry for being late.

B : Be punctual next time.

A : 늦어서 미안해.

B : 다음엔 시간 엄수해.

TIP

be punctual은 '시간을 지키다'라는 뜻이다. "Be punctual."과 같은 의미의 표현으로는 "Don't be late.", "Be on time." 등이 있다.

VOCA

punctual 시간을 엄수하는

상황 209

A : Step on it, please.

B : **OK.**

A : 속력을 내주세요.

B : 알겠습니다.

TIP

"Step on it."은 '빨리 차를 몰아'라는 뜻의 명령문으로 it은 자동차의 accelerator를 의미한다.

VOCA

step on it (차를) 세게(빨리) 밟다

상황 210

A : **You look tired today.**

B : **Yes,** I had a long day.

A : 너 오늘 피곤해 보인다.

B : 그래, 오늘 힘든 날이었어.

TIP

a long day는 '시간은 안 가고, 힘들고, 바쁜 날'을 의미한다.

71

그것은 너한테 달렸어.

IT'S UP TO YOU.

ENG_71.mp3

상황 211

A : **Can we get the contract?**

B : It's up to you.

A : 우리가 계약을 체결할 수 있을까?

B : 그것은 너한테 달렸어.

TIP

"It's up to you."는 '그것은 너한테 달렸어.'라는 의미로 "It depends on you."로 바꿔 쓸 수있다.

VOCA

contract 계약

상황 212

A : Did you hear his speech?

B : Yes, I was so touched.

A : 그의 연설 들었니?

B : 응, 매우 감동을 받았어.

TIP
"I'm so touched."는 '매우 감동을 받았다'라는 의미로, touch는 '손대다'라는 의미 이외에 '영향이나 감동을 주다'라는 의미가 있다. 비슷한 표현으로 "I'm impressed."가 있다.

VOCA
speech 연설 | touched 감동받은

상황 213

A : What's wrong with you?

B : I'm aching all over.

A : 너 무슨 일 있니?

B : 온몸이 쑤셔.

TIP
"I'm aching all over."는 '온몸이 쑤시고 몸살이 난다.'는 의미이며, all over는 '곳곳에[온 데]'라는 뜻이다.

VOCA
ache 아프다 | all over 곳곳에

72

다음을 기약해도 될까요?

CAN I TAKE A RAIN CHECK?

ENG_72.mp3

상황 214

A : **Are you coming over for dinner tonight?**

B : Can I take a rain check?

A : 오늘 저녁 식사하러 오시겠어요?

B : 다음을 기약해도 될까요?

TIP

rain check이란 '우천 교환권'이란 뜻으로, 경기·공연 등이 비가 와서 취소될 경우 나중에 쓸 수 있도록 주는 티켓을 의미한다. "Can I take a rain check?"은 '다음을 기약해도 될까요?'라는 의미로 '오늘은 갈 수 없고 다음에 가겠다'는 뜻이다.

VOCA

rain check 다른[다음] 기회

영어를 더욱 길게~ 길게~ 말해보세요.
네 단어 이상 영어로 원어민처럼 말할 수 있습니다.

상황 215

A : What took you so long?

B : I hit every light.

A : 왜 이렇게 오래 걸렸니?

B : 신호등마다 다 걸렸어.

> **TIP**
> hit every light는 '모든 신호등에 걸리다' 라는 의미이며 "I hit every light."는 "I caught every light."와 같은 표현이다.

상황 216

A : Why did you break up with James?

B : I was sick of his lies.

A : 왜 James하고 헤어졌니?

B : 그의 거짓말에 신물이 나.

> **TIP**
> be sick of는 '~에 넌더리 나다', '신물이 나다' 등의 의미로, 여기서 sick은 '아프다'가 아니라 '질리다'라는 의미로 사용된다.

VOCA break up with ~와 헤어지다 | be sick of 싫증나다

73 > 퇴근하자.

LET'S CALL IT A DAY.

ENG_73.mp3

상황 217

A : What time is it now?

B : It's six thirty. Let's call it a day.

A : 지금 몇 시니?

B : 6시 30분이야. 퇴근하자.

TIP

call it a day는 '퇴근하다', '일과를 끝내다' 라는 의미로 "Let's call it a day."는 '오늘 일을 마치자'라는 의미이다. 밤에는 call it a night라고도 한다.

톡톡

영어를 더욱 길게~ 길게~ 말해보세요.
네 단어 이상 영어로 원어민처럼 말할 수 있습니다.

상황 218

A : Between you and me, **but he is going to resign.**

B : **Really?**

A : 우리끼리 이야기인데, 그는 사직하려고 해.
B : 정말?

TIP
"Between you and me."는 "This is between you and me."의 줄임말로 상대방에게 비밀을 얘기할 때 사용할 수 있는 표현이다. 비슷한 의미의 표현으로 "Between ourselves."가 있다.

VOCA
between ~사이에

상황 219

A : **I ran into my high school teacher yesterday.**

B : What a small world!

A : 어제 고등학교 때 선생님을 우연히 만났어.
B : 세상 참 좁구나!

TIP
"What a small world!"는 '세상 참 좁다!'라는 의미로 예상치 못하게 누군가를 만났거나, 상대방과 같은 사람을 알고있을 때 사용할 수있는 표현이다.

VOCA
run into 우연히 마주치다

74 > 내가 할게.

LEAVE IT TO ME.

ENG_74.mp3

상황 220

A : I don't have time to finish the report.

B : Leave it to me.

A : 보고서를 마칠 시간이 없다.

B : 내가 할게.

TIP

"Leave it to me."는 '저에게 맡겨주세요', '내가 할게' 라는 의미이며, 이 대화에서 it은 to finish the report를 의미한다.

VOCA

finish 마치다

툭툭

영어를 더욱 길게~ 길게~ 말해보세요.
네 단어 이상 영어로 원어민처럼 말할 수 있습니다.

상황 221

A : Can you get me some fruits from the market?

B : If I have time.

A : 시장에서 과일 좀 사다 줄래?

B : 시간이 되면.

TIP
"If I have time."은 '시간이 있으면 사다 줄게.'라는 의미이다.

VOCA
fruit 과일

상황 222

A : How's your business going?

B : So far so good.

A : 사업은 어떠니?

B : 지금까지는 아주 좋아.

TIP
"So far so good."은 '지금까지는 아주 좋아.'라는 의미이다.

VOCA
so far 지금까지

75 > 내 말을 끝까지 들어주세요.
HEAR ME OUT, PLEASE.

ENG_75.mp3

상황 223

A : Would you stop now?

B : Hear me out, please.

A : 그만 중단하시겠습니까?

B : 내 말을 끝까지 들어주세요.

TIP
hear out은 '누군가의 말을 끝까지 듣다'라는 뜻으로 "Hear me out."은 '내 말을 끝까지 들어주세요'라는 의미이다.

상황 224

A : Can you come to the party tonight?
B : I can't make it.

A : 오늘 밤 파티에 올 수 있니?
B : 갈 수 없어.

> **TIP**
> "I can't make it."은 상대방의 제안을 거절할 때 사용할 수 있는 표현으로 내용상 '갈 수 없다'라는 의미이다.

상황 225

A : Do you think John can be a lawyer?
B : Just matter of time.

A : John이 변호사가 될 수 있을까?
B : 시간문제야.

> **TIP**
> "Just matter of time."은 '그저 시간문제일 뿐이다'라는 의미로 언제가 될지는 확실히 알 수 없지만, 분명히 일어날 것임을 뜻한다. "It's just matter of time."의 줄임말이다.

VOCA lawyer 변호사 | matter 문제, 사건

76 > 가득 채워주세요.
PLEASE, FILL IT UP.

ENG_76.mp3

상황 226

A : How much do you want?

B : Please, fill it up.

A : 얼마나 넣어 드릴까요?

B : 가득 채워주세요.

TIP

"Please fill it up."은 '기름을 차에 가득 채워라'라는 표현으로 "Please fill her up."이라고 해도 된다.

VOCA

fill up 가득 채우다

톡톡

영어를 더욱 길게~ 길게~ 말해보세요.
네 단어 이상 영어로 원어민처럼 말할 수 있습니다.

상황 227

A : How can I get the concert tickets?

B : First come, first served.

A : 콘서트 티켓을 어떻게 구하나요?

B : 선착순입니다.

TIP
"First come first served."는 '선착순입니다'라는 의미로 내용상 "The tickets are available on a first come, first served basis."의 줄임말이다.

상황 228

A : I want to quit the job.

B : Please, hang in there.

A : 나는 일을 그만 두고 싶다.

B : 좀 더 버텨 봐.

TIP
hang in there는 '(역경에도) 굴하지 않다, 끗끗이 버티다'라는 의미이다. "Stick it out."과 같은 의미이다.

VOCA
hang in 견디다, 버티다

77 > 진심이 아니었어.
I DIDN'T MEAN IT.

ENG_77.mp3

상황 229

A : **Did you tell her you wanted to break up with her?**

B : I didn't mean it.

A : 그녀에게 헤어지자고 말했니?

B : 진심이 아니었어.

TIP

"I didn't mean it."은 '그런 뜻은 아니었는데요', '진심이 아니었습니다'라는 의미로, 좀 더 강조하려면 "I really didn't mean it."이라고 한다.

상황 230

A : Are you going to join the book club?

B : Been thinking about it.

A : 너 독서 클럽에 가입할 거니?

B : 생각 중이야.

TIP
"Been thinking about it."은 "I have been thinking about it."의 줄임말로 '생각 중이야'라는 의미이다.

상황 231

A : Drinks are on me.

B : No, it's on me today.

A : 술은 내가 살게.

B : 아니야, 오늘은 내가 살게.

TIP
"It's on me."는 '음식 값을 내가 낼게'라는 의미로 "I'll get the bill."이라고도 표현할 수 있다.

VOCA
drinks 술

78 나 파산 상태거든.
BECAUSE I AM BROKE.

ENG_78.mp3

상황 232

A : Why did you sell your car?

B : Because I am broke.

A : 왜 자동차를 팔았니?

B : 나 파산 상태거든.

TIP
"I am broke."는 '빈털터리예요', '완전 파산 상태예요'라는 의미이다.

VOCA sell 팔다 | broke 무일푼의

톡톡

영어를 더욱 길게~ 길게~ 말해보세요.
네 단어 이상 영어로 원어민처럼 말할 수 있습니다.

상황 233

A : Are you in line?

B : Yes, I am.

A : 줄을 서고 있는 건가요?

B : 네, 그렇습니다.

TIP

"Are you in line?"은 '줄을 서고 있는 건가요?'라는 의미이다. 참고로 "Don't cut in line."은 '새치기하지 마라'라는 뜻이다.

VOCA

stand in line 줄 서다

상황 234

A : What's wrong with him? Is he sick?

B : No, he is dead drunk.

A : 그에게 무슨 일 있니? 아프니?

B : 아니, 그는 완전히 취했어.

TIP

"He is dead drunk."는 '그는 완전히 취했다'라는 의미이며, dead를 빼고 "He is drunk."라고 하면 '그는 취했다' 정도의 뉘앙스가 된다. 술과 관련된 표현으로 "He is wasted." (술이 떡이 됐다), "He has a terrible hangover." (숙취가 심하다) 등이 있다.

VOCA

drunk 술에 취한

79 > 오랜만이야.

LONG TIME NO SEE.

ENG_79.mp3

상황 235

A : How are you doing?

B : Fine, Jack. Long time no see.

A : 잘 지내니?

B : 잘 지내, Jack. 오랜만이야.

TIP

"Long time no see."는 '오랜만이야'라는 의미이며, 같은 뜻의 표현으로 "It's been a long time."이 있다.

툭툭

영어를 더욱 길게~ 길게~ 말해보세요.
네 단어 이상 영어로 원어민처럼 말할 수 있습니다.

상황 236

A : Do you live with your parents?

B : No, I live by myself.

A : 부모님하고 함께 사니?

B : 아니, 나 혼자 살아.

TIP
by oneself는 '혼자', '혼자 힘으로'라는 뜻으로 alone과 같은 의미이다.

상황 237

A : Room number 1002, please.

B : One moment, please.

A : 1002호 좀 연결해 주세요.

B : 잠깐만 기다리세요.

TIP
"Room number 1002, please."는 "Would you put me through to the room number 1002, please?"의 줄임 말이다.

80 내게 말대꾸하지 마.

DON'T TALK BACK TO ME.

ENG_80.mp3

상황 238

A : Don't talk back to me.

B : **Okay, I won't.**

A : 내게 말대꾸하지 마.

B : 알았어요, 안 그럴게요.

TIP

talk back은 '말대꾸하다'라는 뜻으로 "Don't talk back to me."는 '말대꾸하지 마'라는 의미이다. 같은 의미의 표현으로 "Stop talking back to me."가 있다.

VOCA

talk back 말대꾸하다

상황 239

A : What do you think of your boss?

B : I think he is something.

A : 너의 상사를 어떻게 생각하니?

B : 대단한 사람인 것 같아.

TIP
something은 '중요한[훌륭한] 사람', '대단한 인물'이란 뜻으로 "He is something."은 '그는 대단한 사람이다'라는 의미이다.

VOCA
something 중요한 것

상황 240

A : How long are you going to use the bathroom?

B : I won't be long.

A : 얼마 동안 화장실을 사용할 거니?

B : 오래 걸리지 않을 거예요.

TIP
"I won't be long."은 '곧 돌아올게요', '오래 걸리지 않을 거예요'라는 의미이다. long은 시간을 나타내는 표현으로 사용한다.

81 네가 나를 망쳤어. YOU SCREWED ME UP.

ENG_81.mp3

상황 241

A : You screwed me up.

B : No, it's not my fault.

A : 네가 나를 망쳤어.

B : 아니야, 내 잘못이 아니야.

TIP

screw up은 '어떤 일이나 물건을 망치다(mess up)'라는 뜻으로, "You screwed me up."은 '네가 나를 망쳤다'라는 의미이다. 비슷한 표현으로 "You ruined me."가 있다.

VOCA screw up 망치다 | fault 잘못

상황 242

A : Why are you so upset?

B : Jessica stood me up.

A : 왜 화가 났니?

B : Jessica가 나를 바람 맞혔어.

TIP
「stand+someone+up」은 '누구를 바람 맞히다'라는 의미이다.

VOCA
upset 화가 난

상황 243

A : Who's in charge here?

B : Mr. Han.

A : 여기 책임자가 누구입니까?

B : Mr. Han입니다.

TIP
in charge는 '~을 맡은[담당인]'의 의미로 "Who's in charge here?"는 '여기 책임자가 누구입니까?'라는 의미이다.

VOCA
in charge ~을 맡은[담당인]

82 그러게 내가 뭐랬어.
I TOLD YOU SO.

ENG_82.mp3

상황 244

A : Eddie was cheating on me.
B : I told you so.

A : Eddie가 바람을 피웠어.
B : 그러게 내가 뭐랬어.

TIP
"I told you so."는 '그러게 내가 뭐랬어', '내가 그랬잖아', '그렇다니까' 등의 의미를 가지고 있으며, 이와 비슷한 표현으로 "I knew it." (그럴 줄 알았어)가 있다.

VOCA
cheat on 바람을 피우다

툭툭

영어를 더욱 길게~ 길게~ 말해보세요.
네 단어 이상 영어로 원어민처럼 말할 수 있습니다.

상황 245

A : I bought this phone for 250 dollars.

B : You got ripped off.

A : 이 전화기를 250달러 주고 샀어.

B : 너 바가지 썼다.

TIP

rip off는 '바가지를 씌우다'라는 의미로, "You got ripped off."는 '너 바가지 썼다'라는 뜻으로 상대방이 물건을 비싸게 주고 샀을 때 사용할 수 있는 표현이다.

VOCA

get ripped off 바가지 쓰다

상황 246

A : When is the report due?

B : It's due on Monday.

A : 보고서 마감일이 언제죠?

B : 월요일입니다.

TIP

due는 '~하기로 되어 있는', '예정된'이란 의미로 "It's due on Monday."는 '마감이 월요일입니다'라는 뜻이다. 참고로, "When is the due date?" (마감일이 언제 입니까?), "When is the baby due?" (출산 예정이 언제예요?) 등은 "When is the ~" (언제예요?)라고 말하고 싶을 때 사용하는 패턴이다.

VOCA

due ~하기로 되어 있는(예정된)

83 본전은 했어요.
WE JUST BROKE EVEN.

ENG_83.mp3

상황 247

A : How did our sales go last month?

B : We just broke even.

A : 지난달 영업실적이 어때요?

B : 본전은 했어요.

TIP

break even은 '(사업 등이) 본전치기를 하다', '이익도 손해도 안 보다'라는 의미이다. 참고로, '적자를 내다'라는 의미의 표현은 show a loss[deficit], go into the red이고, '흑자를 내다'라는 의미의 표현은 go into the black이다.

VOCA break even 본전치기하다 | deficit 적자 | loss 손실

톡톡

영어를 더욱 길게~ 길게~ 말해보세요.
네 단어 이상 영어로 원어민처럼 말할 수 있습니다.

상황 248

A : You were speeding. Show me your license, please.

B : Give me a break, please!

A : 과속을 하셨습니다. 면허증을 보여 주세요.
B : 한 번만 봐주세요!

> **TIP**
> "Give me a break, please!"는 "Could you give me a break?"의 줄임말로, '한 번만 봐주세요'의 의미이다.

VOCA
license 면허증

상황 249

A : How much oil do you want?

B : The more, the better.

A : 기름을 얼마만큼 원해요?
B : 많으면 많을수록 좋아요.

> **TIP**
> "The more, the better."는 '많으면 많을수록 좋아'라는 의미로 이 대화에서는 "If the oil is more, it is better."의 의미이다.

84 그걸로 살게요. I'LL TAKE IT.

ENG_84.mp3

상황 250

A : How about this yellow hat?
B : I'll take it.

A : 이 노란 모자 어때요?
B : 그걸로 살게요.

TIP
"I will take it."은 '그것을 가져가겠어요', '그것을 사겠습니다'라는 의미이다. 참고로 "You can take it."은 '그것을 가져가도 돼'라는 의미이다.

영어를 더욱 길게~ 길게~ 말해보세요.
네 단어 이상 영어로 원어민처럼 말할 수 있습니다.

톡톡

상황 251

A : Which car do you want, this one or that one?

B : Either will do.

A : 이 자동차를 원하세요, 아니면 저 자동차를 원하세요?

B : 아무거나 상관없습니다.

TIP
"Either will do."는 '둘 중에 어떤 것이든 괜찮아요.'라는 의미로, either는 2개의 경우 any는 3개 이상의 경우에 사용한다. "Either will do."는 "Either of the two cars will do."의 줄임말이다.

VOCA either (둘 중) 어느 하나(의) | which 어떤, 어느

상황 252

A : Why don't you apologize to her?

B : Keep out of it. None of your business.

A : 그녀에게 사과하는 게 어때?

B : 참견하지 마. 네가 상관할 바가 아니야.

TIP
"None of your business."는 "This is none of your business."를 줄인 표현으로 business는 '사업'이라는 뜻 이외에 '개인적인 일'이라는 뜻이 있다. 즉, '네 일이 아니니 참견하지 마'라는 의미로, 비슷한 의미의 표현으로 "Keep your nose out of this." (참견하지 마) 등이 있다.

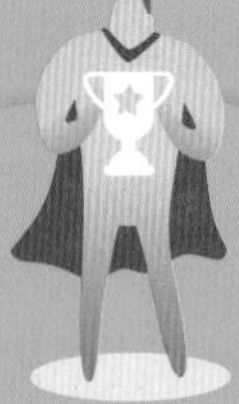

Check up!

252개의 상황 영어

우리말을 보며 말해봐!

학습한 표현들을 유용하게 사용하기 위해 복습은 꼭 필요합니다!

Check up에는 본문과 함께 252개 영어 표현이 우리말로 작성되어있습니다. 우리말을 먼저 보고 영어로 소리 내어 말해보세요.

이제는 상황에 따라 쉽고 간단한 영어를 툭! 툭! 내뱉을 수 있습니다.

Check up!

01

A : Thank you for your advice.
B : 언제든지 얘기하세요.

02

A : Shall I call you tonight or tomorrow morning?
B : 언제든 좋습니다.

03

A : Would you mind closing the window?
B : 물론입니다.

04

A : Samuel failed to get a promotion.
B : 믿을 수가 없네.

05

A : How are you today?
B : 좋아.

06

A : Are you sure she is our new boss?
B : 확실해.

07

A : Have you finished your assignment?
B : 거의.

08

A : Can you come to the party tomorrow?
B : 아마도.

09

A : Do you think you will pass the exam?
B : 물론이지!

10

A : How much time do you need to fix the computer?
B : 상황에 따라 달라요.

11

A : Our team finally got into the finals.
B : 훌륭하다!

12

A : I'm going to quit my job.
B : 진심이에요?

13

A : The prices have risen too much these days.
B : 맞아.

14

A : I bought a sports car.
B : 굉장하군!

15

A : Can you show me the way to the city hall?
B : 다시 한 번 말해주시겠어요?

16

A : Your proposal was not chosen.
B : 젠장!

17

A : Can I ask you a favor?
B : 뭐든지 말만 해.

18

A : Would you try that seafood again?
B : 절대 먹지 않을 거야.

19

A : Come and visit us again, please.
B : 물론이죠.

20

A : How was the movie?
B : 매우 재미있었어.

21

A : My wife gave birth to a healthy boy yesterday.
B : 축하해.

22

A : You mean I can get a 10% discount?
B : 그렇습니다!

23

A : Look at these flowers.
B : 예쁘다.

24

A : We're getting a divorce.
B : 말도 안 되는 소리 하지 마!

25

A : Can I speak to Jack?
B : 전데요.

26

A : Here is the deal. If you clean the table, I will do the dishes.
B : 좋아.

27

A : Hurry up! We are gonna be late for the movie.
B : 진정해. We've got plenty of time.

28

A : Are you crying? What's wrong with you?
B : 아무것도 아니야.

29

A : 아이쿠! I made a mistake again.
B : There you go again. You're always making mistakes.

30

A : 맙소사! You scared me to death.
B : Sorry, I didn't mean it.

31

A : Hello, Brain. How have you been these days?
B : Pretty good. 넌 어떠니?

32

A : This is not what I wanted.
B : 뭐 어쩌라고!

33

A : I want you to work with James to organize the project.
B : 제발요. I can't work with him.

34

A : Hi, Greg! How's everything with you?
B : 그저 그래.

35

A : Look at the dress over there. Isn't it pretty?
B : 아름다워! Let's go and have a look.

36

A : Mom, let me sleep over at Susan's house, please.
B : Why do you keep on insisting? My answer is no. 그만해!

37

A : Do you need the copy machine?

B : 먼저 쓰세요.

38

A : One cheese burger and one large size coke, please.

B : 다른 거는 필요 없으세요?

39

A : Let me give you a ride to the hotel.

B : 그러실 필요 없습니다.

40

A : Thank you for your kindness.

B : 천만에요.

41

A : Should I go with you?

B : It doesn't matter to me. 마음대로 하세요.

42

A : Who will pay for dinner tonight?

B : 내가 낼게.

43

A : 잘지내니?

B : Nothing special.

44

A : Can I speak to Mr. Smith?

B : 잠시만 기다리세요.

45

A : I hope to become a movie star.

B : 정신 차려. It's not that easy.

46

A : I have already finished my report.

B : 잘했다!

47

A : Will you work overtime on Christmas?

B : 안 돼요!

48

A : I heard that James finally got a promotion.

B : 놀랄 일도 아니지.

49

A : How are you doing?
B : 잘 지내고 있어. You?

50

A : Are you resigning?
B : 말하고 싶지 않습니다.

51

A : How would you like to pay?
B : 현찰로 하겠습니다.

52

A : How would you like your steak?
B : 중간으로 구워주세요.

53

A : 계산서 좀 주세요.
B : Here it is.

54

A : What's the purpose of your visit?
B : 그냥 여행하려고 왔어요.

55

A : 마음껏 드세요.
B : Thank you.

56

A : Can you fix the door?
B : Yeah, 문제없어.

57

A : I have to go now.
B : OK. 다음에 보자.

58

A : Could you lend me some money?
B : 얼마나?

59

A : What kind of pizza do you want?
B : 네가 골라.

60

A : Turn down the volume, please.
B : 다시 한 번 말씀해 주세요.

61

A : Do you understand what I'm saying?

B : 이해하고 있어.

62

A : I'm sorry I broke your window.

B : It's OK. 신경 쓰지 마세요.

63

A : 잘 지내.

B : You too. I'll be in touch.

64

A : Thank you for lending me your bicycle.

B : 별거 아니야.

65

A : I'd like to have steak.

B : 나도.

66

A : What's new, Jack?

B : 그럭저럭 지내. How about you?

67

A : Do you think we'll get a raise?

B : 전혀 기대하지 마.

68

A : I have to go to China tomorrow.

B : 중국에는 왜 가는데?

A : For business.

69

A : I'm attending the party tonight.

B : 즐겁게 보내.

70

A : How on earth did she get into college?

B : 돈이면 다 돼.

71

A : Can you help me with this report?

B : 아마도 도와줄 수 없을 거야.

72

A : Did you finish your report?

B : Yes, I did.

A : 잘했다.

73

A : For here or to go?

B : 가져갈 거에요.

74

A : 질문 있습니까?

B : Nope.

75

A : What do you think of this painting?

B : 나쁘지 않은 거 같아.

76

A : Are you taking any medications?

B : 비타민만 먹고 있습니다.

77

A : Can I stop now?

B : 아니, 계속하세요.

78

A : How does that meat taste?

B : 매우 맛있어.

79

A : Our vacation is next week.

B : 빨리 휴가가 왔으면 좋겠다.

80

A : Can you make copies of this paper?

B : 몇 장을 복사 할까요?

81

A : Can you please give her one more chance?

B : 예외는 없습니다.

82

A : 나 화장실 가야 해.

B : Then, let's take a break for five minutes.

83

A : Why don't you have some cheesecake?

B : 나 배불러.

84

A : I have lost a lot of money in stock market.

B : 기운 내!

85

A : I failed to get a promotion.
B : 그게 인생이야.

86

A : I have never been on a surfing board.
B : 마음 단단히 먹어.

87

A : Would you accept my apology?
B : 사과를 받아들이겠습니다.

88

A : I think the island is a perfect place for our vacation.
B : 동감이야.

89

A : I want to be a singer.
B : 철 좀 들어.

90

A : Do you like watching sports games on TV?
B : 조금 좋아해.

91

A : I have a job interview tomorrow.
B : 행운을 빌어.

92

A : 올라가세요?
B : No, going down.

93

A : She is ten years older than you.
B : 그래서 뭐?

94

A : She broke up with Mike.
B : 왜?

95

A : How did you get that scar on your forehead?
B : 모르겠습니다.

96

A : Jane will show up no matter what.
B : 내기할래?

97

A : You're the best singer.
B : 과찬이십니다!

98

A : Where are we?
B : 집중 좀 해.

99

A : I'm really sorry. Please forgive me.
B : Never. 꺼져.

100

A : How dare you say such a thing to me?
B : 진정해.

101

A : Who stole my money?
B : 나는 아니야.

102

A : I couldn't open the window.
B : 다시 해봐.

103

A : 누가 앞서고 있니?
B : Our team is up.

104

A : 안전벨트 매.
B : OK.

105

A : Forgive me for being late.
B : 잊어버리세요.

106

A : 원 샷!
B : Cheers.

107

A : We are out of time. Hurry up!
B : 지금 가요.

108

A : I will offer 50 dollars for your bicycle.
B : 알았어. You can have it for that price.

109

A : You had better not buy the book.
B : 왜 사지 말라는 거야?

110

A : Did you hear Mike is dating Jane?
B : 언제부터?

111

A : I got ripped off by a cab driver.
B : 그런 일도 있는 거지.

112

A : Have you decided what to do?
B : 아직 못했습니다.

113

A : Any plans this Saturday?
B : 특별한 일 없어.

114

A : I think we should reduce our living cost.
B : 좋은 지적이야.

115

A : Can I take this pizza?
B : 손 대지 마.

116

A : Can you give me a ride home?
B : Sure. 차에 타.

117

A : Can I have a few more minutes, professor?
B : No. 시간이 다 되었어.

118

A : How is this sweater?
B : 너한테 잘 어울려.

119

A : It's getting late. I've got to go now.
B : 가지 마.

120

A : 준비됐어요?
B : OK. I'm almost ready.

121

A : Guess what! I won second prize in the lottery.

B : 좋겠다.

122

A : What should I do if I fail again?

B : 아무도 신경 안 써. Just do your best.

123

A : What time should we make it tomorrow?

B : 어디 보자. How about five?

124

A : I'm having a dinner party at my house. Can you come?

B : 물론이지. How can I miss it?

125

A : Do you want some more water?

B : Yes, please.

A : OK. 됐으면 말해주세요.

126

A : I'm not going to say this again. 잘 들어!

B : Go on. I'm all ears.

127

A : I passed the exam.

B : 잘했다.

128

A : Let's play baseball.

B : 나는 좀 빼줘.

129

A : Hello, this is Jim. Can I speak to Jane?

B : 큰 소리로 말해주세요.

130

A : 어디로 모실까요?

B : Plaza Hotel, please.

131

A : Can I see your ID?

B : 여기 있습니다.

132

A : 외식합시다.

B : Sounds good.

133

A : I'm sorry I'm late.

B : 부끄러운 줄 알아라. You're late every day.

134

A : 현금, 카드 어느 것으로 지불하시겠어요?

B : Card, please.

135

A : I have a job interview tomorrow. 행운을 빌어줘.

B : Good luck with your interview.

136

A : I bought this shirt for 5 dollars.

B : 참 저렴하게 샀구나.

137

A : I like apples.

B : 나도 좋아해.

138

A : I don't like his movies. They are too violent.

B : 나도 좋아하지 않아.

139

A : 잔돈은 가지세요.

B : Thanks.

140

A : How is your business?

B : 아주 잘 되고 있어.

141

A : Do you really want to quit the job?

B : Yes, 진심이야.

142

A : Are you interested in the new project?

B : 잘 모르겠어.

143

A : Would you come back to Seoul again?

B : 반드시 돌아올 거야.

144

A : How's your leg?

B : 전보다 좋아졌어.

145

A : Where is the post office?

B : 저 모퉁이에 있습니다.

146

A : 콜라를 드릴까요 아니면 사이다를 드릴까요?

B : Coke, please.

147

A : I have my first performance tomorrow.

B : 잘해라!

148

A : 네 말의 요점은 뭐니?

B : My point is that we need your help.

149

A : Why did you bring the umbrella?

B : 혹시 몰라서.

150

A : 우리 어디까지 했지?

B : Page 32.

151

A : Do you mind if I use the phone?

B : 그러세요.

152

A : 여기가 어디죠?

B : This is the Trade Center.

153

A : Do you have this shirt in a size Large?

B : 제가 알아보겠습니다.

154

A : Can you do me a favor?

B : 뭐든 말만 해.

155

A : I'm from Korea.

B : 정말 우연이군요! So am I.

156

A : What's the matter with you?

B : 나 곤경에 처했어요.

157

A : Tom broke up with his girl friend.
B : 내가 그럴 줄 알았어.

158

A : Would you sing a song for me?
B : 원하신다면요.

159

A : 그녀가 나를 찼어.
B : Oh, really?

160

A : How about going to the movies tomorrow?
B : 좋아요.

161

A : How was the movie?
B : 감동을 받았어요.

162

A : I drank a lot of orange juice to prevent from getting a cold.
B : 효과가 있었나요?

163

A : I don't think you are strong enough to do that.
B : 그 말 취소해.

164

A : I bought a sport car last month.
B : 네가 부럽다.

165

A : Are you sure it doesn't hurt?
B : 별거 아니야. I have a slight cut.

166

A : Do you need anything else except this chair?
B : No. 그게 전부에요.

167

A : Who's turn to cook tonight?
B : 내 차례야.

168

A : How did you know that he stole your watch?
B : 그냥 감이야.

169

A : When do I have to fix this car by?
B : 천천히 하세요.

170

A : 너 나한테 빚졌다. Don't forget it.
B : Thank you for your help.

171

A : I don't know who is going to receive the award.
B : 추측해 봐.

172

A : Get lost!
B : 너나 꺼져!

173

A : How long will it take to learn how to ski?
B : 시간이 좀 걸립니다.

174

A : Why were you late today?
B : Because 길을 잃었어요.

175

A : Let me pay for the bill today.
B : No. 반반 나누어 내자.

176

A : Who do you think will be the winner?
B : 아무도 몰라요.

177

A : Do you know what happened to Liz?
B : 모르겠어.

178

A : I'd like to live alone.
B : 바보 같은 소리 하지 마.

179

A : Can I play the computer game for another ten minutes?
B : 충분히 했어!

180

A : I'll treat you to dinner tonight.
B : 정 그러시다면.

181

A : Sorry, but I have to go now.
B : OK. 연락하자.

182

A : Thank you very much for your kindness.
B : 별것 아니었어요.

183

A : Nobody got seriously hurt.
B : 다행입니다.

184

A : Jack 있나요?
B : Hold on, please.

185

A : I don't want to eat the carrots in the food.
B : 까다롭게 굴지 마.

186

A : Don't waste your time and make good use of it.
B : 내게 잔소리하지 마.

187

A : 농담하니?
B : No, I'm serious.

188

A : Are you done yet?
B : 재촉하지 마.

189

A : How's your new manager?
B : 밥맛이야.

190

A : I think I should be on a diet.
B : 그게 무슨 소리야! You look fine.

191

A : Where is the restroom?
B : 저쪽으로 가세요.

192

A : I didn't mean to ruin your birthday party.
B : 시끄러워.

193

A : A man named Collins came to see you.
B : 들여보내세요.

194

A : If you don't finish the report, you have to work overtime.
B : 너무하시네요.

195

A : Are you sure it doesn't hurt?
B : 내 말을 믿어.

196

A : Hey, watch out! A bus is coming.
B : Whew! 큰일 날 뻔 했네. You just saved my life.

197

A : I have no courage to ask her out.
B : Come on! 손해 볼 게 뭐 있어?

198

A : Why don't we have a cup of coffee and talk about it?
B : 좋은 생각이야.

199

A : Here is a cheesecake for you.
B : I didn't order it.
A : 무료로 드리는 거예요.

200

A : 이 기차가 King's Cross에 가나요?
B : Yes.

201

A : I'm hungry.
B : 뭘 좀 간단히 먹자.

202

A : 여기에 무슨 일로 왔니?
B : I'm here to attend a seminar.

203

A : Do you know how to make a cake?
B : Yeah, 식은 죽 먹기야.

204

A : Why did you skip dinner?
B : 다이어트 중이야.

205

A : I love Mike and I'm going to marry him!
B : 절대 안 돼.

206

A : Let's have a drink.
B : 지금 근무 중이야.

207

A : 차를 저쪽에 세워 주세요.
B : OK.

208

A : I'm sorry for being late.
B : 다음엔 시간 엄수해.

209

A : 속력을 내주세요.
B : OK.

210

A : You look tired today.
B : Yes, 오늘 힘든 날이었어.

211

A : Can we get the contract?
B : 그것은 너한테 달렸어.

212

A : Did you hear his speech?
B : Yes, 매우 감동을 받았어.

213

A : What's wrong with you?
B : 온몸이 쑤셔.

214

A : Are you coming over for dinner tonight?
B : 다음을 기약해도 될까요?

215

A : What took you so long?
B : 신호등마다 다 걸렸어.

216

A : Why did you break up with James?
B : 그의 거짓말에 신물이 나.

217

A : What time is it now?
B : It's six thirty. 퇴근하자.

218

A : 우리끼리 이야기인데, but he is going to resign.
B : Really?

219

A : I ran into my high school teacher yesterday.
B : 세상 참 좁구나.

220

A : I don't have time to finish the report.
B : 내가 할게요.

221

A : Can you get me some fruits from the market?
B : 시간이 되면.

222

A : How's your business going?
B : 지금까지는 아주 좋아.

223

A : Would you stop now?
B : 내 말을 끝까지 들어주세요.

224

A : Can you come to the party tonight?
B : 갈 수 없어.

225

A : Do you think John can be a lawyer?
B : 시간문제야.

226

A : How much do you want?
B : 가득 채워주세요.

227

A : How can I get the concert tickets?
B : 선착순입니다.

228

A : I want to quit the job.
B : 좀 더 버텨 봐.

229

A : Did you tell her you wanted to break up with her?
B : 진심이 아니었어.

230

A : Are you going to join the book club?
B : 생각 중이야.

231

A : Drinks are on me.
B : No, 오늘은 내가 살게.

232

A : Why did you sell your car?
B : 나 파산 상태거든.

233

A : 줄을 서고 있는 건가요?
B : Yes, I am.

234

A : What's wrong with him? Is he sick?
B : No, 그는 완전히 취했어.

235

A : How are you doing?
B : Fine, Jack. 오랜만이야.

236

A : Do you live with your parents?
B : No, 나 혼자 살아.

237

A : 1002호 좀 연결해 주세요.
B : One moment, please.

238

A : 내게 말대꾸하지 마.
B : Okay, I won't.

239

A : What do you think of your boss?
B : 대단한 사람인 것 같아.

240

A : How long are you going to use the bathroom?
B : 오래 걸리지 않을 거예요.

241

A : 네가 나를 망쳤어.
B : No, it's not my fault.

242

A : Why are you so upset?
B : Jessica가 나를 바람 맞혔어.

243

A : 여기 책임자가 누구입니까?
B : Mr. Han.

244

A : Eddie was cheating on me.
B : 그러게 내가 뭐랬어.

245

A : I bought this phone for 250 dollars.
B : 너 바가지 썼다.

246

A : When is the report due?
B : 월요일입니다.

247

A : How did our sales go last month?
B : 본전은 했어요.

248

A : You were speeding. Show me your license, please.
B : 한 번만 봐주세요!

249

A : How much oil do you want?
B : 많으면 많을수록 좋아요.

250

A : How about this yellow hat?
B : 그걸로 살게요.

251

A : Which car do you want, this one or that one?
B : 아무거나 상관없습니다.

252

A : Why don't you apologize to her?
B : Keep out of it. 네가 상관할 바가 아니야.

한 단어 영어로 1초 만에 말해봐!

Chapter 01

01 Anytime	02 Whenever	03 Sure	04 Unbelievable	05 Fine
06 Positive	07 Almost	08 Probably	09 Absolutely	10 Depends
11 Excellent	12 Seriously	13 True	14 Awesome	15 Pardon
16 Shoot	17 Anything	18 Never	19 Definitely	20 Hilarious
21 Congratulation	22 Exactly	23 Lovely	24 Nonsense	25 Speaking
26 Deal	27 Relax	28 Nothing	29 Oops	30 Jesus
31 Yourself	32 Whatever	33 Please	34 So-so	35 Gorgeous
36 Period				

두 단어 영어로 쉽게 말해봐!

Chapter 02

37 After you	38 Anything else	39 Don't bother	40 My pleasure
41 Suit yourself	42 My treat	43 What's up	44 Hold on
45 Get real	46 Well done	47 No way	48 No wonder
49 Can't complain	50 No comment	51 By cash	52 Medium, please
53 Check, please	54 Just traveling	55 Help yourself	56 No sweat
57 See you	58 How much	59 Your choice	60 Again, please
61 Got it	62 Never mind	63 Take care	64 No problem
65 Same here	66 Nothing much	67 Fat chance	68 What for
69 Have fun	70 Money talks	71 Afraid not	72 Good job
73 To go	74 Any questions	75 Not bad	76 Only vitamins
77 Keep going	78 Pretty good	79 Can't wait	80 How many
81 No exception	82 Nature calls	83 I'm full	84 Cheer up
85 That's life	86 Brace yourself	87 Apology accepted	88 I agree

Check up! answer

89 Grow up
90 Kind of
91 Good luck
92 Going up
93 So what
94 How come
95 Beats me
96 Wanna bet
97 I'm flattered
98 Stay focused
99 Get lost
100 Calm down
101 Not me
102 Try again
103 Who's ahead
104 Buckle up
105 Forget it
106 Bottoms up
107 I'm coming
108 Fair enough
109 Why not
110 Since when
111 That happens
112 Not yet
113 Nothing special
114 Good point
115 Hands off
116 Get in
117 Time's up
118 It's you
119 Don't leave
120 All set
121 Lucky you
122 Who cares
123 Let's see
124 You bet
125 Say when
126 Listen up

세 단어 영어로 풍부하게 말해봐!

Chapter 03

127 Good for you
128 Count me out
129 Speak up, please
130 Where to sir
131 Here you go
132 Let's eat out
133 Shame on you
134 Cash or card
135 Wish me luck
136 That's a steal
137 So do I
138 Neither do I
139 Keep the change
140 Never been better
141 I mean it
142 Yes and no
143 Without a doubt
144 Better than before
145 Around the corner
146 Coke or Sprite
147 Break a leg
148 What's your point
149 Just in case
150 Where were we
151 Be my guest
152 Where am I
153 Let me check
154 You name it
155 What a coincidence
156 I'm in trouble
157 I knew it
158 As you wish
159 She dumped me
160 It sounds good
161 I was impressed
162 Did it work
163 Take that back
164 I envy you
165 No big deal
166 that's all
167 It's my turn
168 Just a feeling
169 Take your time
170 You owe me
171 Take a guess
172 Same to you
173 It takes time
174 I got lost
175 Go fifty-fifty
176 God only knows
177 Not a clue
178 Don't be silly

정답을 보며 어떤 상황이었는지 떠올려보세요!

179 That will do
180 If you insist
181 Keep in touch
182 It was nothing
183 That's a relief
184 Is Jack there
185 Don't be picky
186 Stop nagging me
187 Are you kidding
188 Don't rush me
189 He really sucks
190 Don't be ridiculous
191 Down that way
192 Knock it off
193 Bring him in
194 That's too harsh
195 Take my word
196 That was close
197 What's the harm
198 Now you're talking

네 단어 이상 영어로 원어민처럼 말해봐! Chapter 04

199 It's on the house
200 Is this train for King's Cross
201 Let's grab a bite
202 What brings you here
203 It's a piece of cake
204 I am on a diet
205 Over my dead body
206 I am on duty now
207 Pull over there, please
208 Be punctual next time
209 Step on it, please
210 I had a long day
211 It's up to you
212 I was so touched
213 I'm aching all over
214 Can I take a rain check
215 I hit every light
216 I was sick of his lies
217 Let's call it a day
218 Between you and me
219 What a small world
220 Leave it to me
221 If I have time
222 So far so good
223 Hear me out, please
224 I can't make it
225 Just matter of time
226 Please, fill it up
227 First come, first served
228 Please, hang in there
229 I didn't mean it
230 Been thinking about it
231 it's on me today
232 Because I am broke
233 Are you in line
234 he is dead drunk
235 Long time no see
236 I live by myself
237 Room number 1002, please
238 Don't talk back to me
239 I think he is something
240 I won't be long
241 You screwed me up
242 Jessica stood me up
243 Who's in charge here
244 I told you so
245 You got ripped off
246 It's due on Monday
247 We just broke even
248 Give me a break, please
249 The more, the better
250 I'll take it
251 Either will do
252 None of your business

톡톡 내뱉는 252 talk talk 상황 영어